文物工作调研报告汇编

（2013）

国家文物局　编

文物出版社

责任编辑　王　媛
装帧设计　周小玮
责任印制　张道奇

图书在版编目（CIP）数据

文物工作调研报告汇编.2013／国家文物局编.—北京：文物出版社，2014.11

ISBN 978 - 7 - 5010 - 4134 - 3

Ⅰ.①文…　Ⅱ.①国…　Ⅲ.①文物工作 - 调查报告 - 中国 - 2013　Ⅳ.①K87

中国版本图书馆 CIP 数据核字（2014）第 255460 号

文物工作调研报告汇编（2013）

国家文物局　编

*

文 物 出 版 社 出 版 发 行

（北京市东直门内北小街 2 号楼）

http：//www.wenwu.com

E-mail：web@ wenwu.com

宝蕾元科技发展有限责任公司制版

北 京 京 都 六 环 印 刷 厂 印 刷

新 华 书 店 经 销

787×1092　1/16　印张：10.5

2014 年 11 月第 1 版　2014 年 11 月第 1 次印刷

ISBN 978 - 7 - 5010 - 4134 - 3　定价：80.00 元

前　言

　　习近平总书记指出，调查研究是谋事之基、成事之道，是做好各项工作的基本功。中央八项规定强调，要改进调查研究，总结经验、研究问题、解决困难、指导工作。为贯彻中央的部署要求，2014年国家文物局印发了《调研工作管理办法》，旨在推动调查研究的制度化、规范化、科学化。

　　近年来，国家文物局紧紧围绕中央重大决策部署的贯彻执行，牢牢抓住影响和制约文物事业发展的突出问题，深入开展调查研究，积累形成了系列调研报告。为促进调研成果的共享与转化，我们出版了《文物工作调研报告汇编（2013）》，选编了2013年的11篇调研报告，其中既有对事关文物事业长远发展的政策性、前瞻性问题的研究，也有对人民群众关心的热点、难点问题的探讨。这些调研成果的汇编出版，既是工作成果的日常积累，也可为文物工作提供参考借鉴。希望调研报告的出版能对我们的工作有所裨益、有所启发。

国家文物局

二〇一四年十月

目　录

关于文物保护经费保障体系建设的调研报告

国家文物局办公室

内容摘要：2013 年 11 月至 12 月，国家文物局开展了国家重点文物保护专项补助资金使用情况进行了专项督查，对 10 省（区、市）的 46 处全国重点文物保护单位中的 194 个项目进行了实地督查。从督查情况看，文物保护专项补助资金使用总体达到了预期要求，但也不同程度存在工程开工率低、资金使用率低、使用不规范的问题。报告建议：（一）提高申报项目的规划、策划水平；（二）做好项目的管理工作；（三）做好项目实施和经费使用的监督工作；（四）进一步理顺文物管理体制，建立文保经费分级保障机制。

为贯彻落实 2012 年全国文物工作会议和 2013 年全国文物局长座谈会精神，国家文物局于 2013 年 11 月中旬至 12 月上旬在全国文物系统开展了重点工作专项督查，国家重点文物保护专项补助资金使用情况是此次督查的重要任务之一。经过督查，摸清了经费使用的基本情况，查清了存在的主要问题，理清了加强管理的基本思路，形成了如下报告。

一 基本情况

此次督查过程中，对辽宁、云南、河南、陕西、福建、广东、贵州、江西、河北、湖北 10 省，2010～2012 年度国家重点文物保护专项补助经费安排的 46 处全国重点文物保护单位的 194 个项目进行了实地重点检查，涉及资金 123777 万元，占三年总安排资金（984845 万元）的 12.56%。经费督查的几个特点：

（一）覆盖面广

实地检查项目涵盖了全国重点文物保护单位保护、大遗址保护、世界文化遗产保护、考古发掘、可移动文物保护等文保资金支持的各个方面，实地检查内容包括文物维修保护工程支出、文物考古调查发掘支出、文物安消防及防雷等保护性工程支出、文物技术保护支出、文物陈列布展支出、文物保护管理体系建设支出等文物保护的各方面支出，是近几年国家文物局组织的时间最长、人员最多、范围最广的经费使用检查活动。

（二）重点突出

此次经费督查，紧紧围绕近几年国家文物局重点推动的工程项目，查重点、重点查。特别是对资金使用量较大、项目周期较长的项目进行了重点督查，先后对 13 处大遗址保护项目、5 处世界文化遗产地及多处申遗项目进行了经费使用情况检查，进一步摸清了重点工程项目的资金管理情况。

（三）全流程监管

此次经费督查，不仅仅关注专项资金的流向和资金使用的效率，而且对资金管理的全过程进行了监管。检查的内容包括方案审批情况、招投标情况、资质管理情况、合同管理情况、资金到位及使用情况、工程管理情况、项目验收情况等，适应了项目精细化管理的要求。

（四）现场督导

坚持账务检查和实地检查相结合，对检查中发现的问题，及时沟通，研究并提出整改措施；切实了解基层工作的实际困难和突出问题，进一步服务基层，提高工作效率。

二 存在问题

从经费督查情况看，文保专项资金的使用情况总体上达到预期要求，但也不同程度存在工程开工率低、资金使用率低、使用不规范的问题。具体为：

（一）存在重项目申报轻工程管理倾向

一是工程前期立项环节薄弱。对项目必要性、可行性的前期调查研究不够，重视方案编制和经费申请，忽视项目立项管理，造成个别项目仓促立项，给方案编制和工程实施带来困难。

二是项目资金申报中也不同程度存在着"重申报、轻执行"以及"重审批、轻管理"现象，存在"开大药方"，不以急需抢救为优先条件，一味报大项目，项目准备大而化之，往往没有统筹考虑利用内容，缺少完成计划、进度和手段。

三是工程事中检查指导不够。工程开工后，管理部门和设计单位的后续管理和跟踪服务意识不强，检查指导不到位，管理效能不高；部分临时出现的问题未能及时解决，对工程进度和质量造成不利影响。

四是工程竣工的省级技术验收和维修报告出版相对滞后。

五是项目储备不够，管理部门和"国保"单位仍然停留在被动维修和事后抢险为主的工作状态。

（二）文物保护人才力量薄弱，项目组织管理能力不足

一是文物保护工程资质单位较少，技术力量较为薄弱，不能满足"国保"单位数量不断增加、保护范畴不断扩大、保护任务日益加重的工作需求。而且多数资质单位成立时间较晚，总体业务水平不高。

二是文物保护工程从业人员整体素质不高，施工单位从业人员缺乏个人资质，业务人员培训和个人从业资质评审工作亟待加强。大量的文物有着丰富的地方传统工艺需要被研究和传承，虽然对此进行过一些培训，但是专业队伍、专业人才仍然薄弱，在文物保护工程实施、传统保护技术总结、传统技艺传承等方面缺乏有力的人才保障。

三是项目管理能力不足。部分基层文物部门和业主单位缺乏工程管理业务培训和技术指导，工程组织管理能力较低，项目执行能力亟待加强。有些项目管理单位方案修改完善及工作时间过长；有些施工单位工地现场管理不到位，部分工程档案资料不够齐备；有些安消防工程重项目申报，忽视了工程日常性运转经费和必要的人员保障，导致因配套不足，相关设施设备成为

摆设、不开机，造成更大的浪费。

（三）专项资金使用监管存在不同程度问题

一是省、市文物部门对专项资金监管困难。文物保护专项补助经费都是由省级财政部门直接拨付项目所在地财政部门，省、市文物部门不掌握资金拨付和使用进度，对专项资金难以监管。

二是项目总体资金支出率较低。2010～2012年，中央财政共下达文物保护项目资金98亿余元，涉及项目3900余个，截至2013年10月底，有1600余个项目已完工，完工率41.02%。项目整体实施进度不快，预算资金执行较慢，经费使用效率偏低。主要原因为资金拨付不及时、文物部门缺乏有效督促、项目单位工程实施能力不足。

三是部分项目资金使用存在问题。存在一些文物保护工程套用现代工程的招投标办法，由于不够法定投标单位或标的过低造成流标、反复招标，甚至出现个别地区文物保护工程项目的招投标、资质单位确定等环节不符合《文物保护工程管理办法》要求的情况；存在部分项目挤占、挪用其他项目经费的情况；存在部分项目超范围列支的情况。

（四）文物保护经费总量仍然偏少

近年来全国重点文物保护专项补助资金有了大幅度增加，国保单位险情得到初步缓解。地方财政投入不足，省及省以下文物保护单位资金缺口较大，不少地方基层文保机构正常运行经费得不到有效保障，许多基层文保员经费没有保障，有的只有很少的补贴。

三　工作建议

近年来，随着国家财力的增长和全社会文物保护意识的增强，党中央、国务院大幅度增加了对文物保护事业的投入，2013年文物保护专项资金近70亿元。资金的增加是动力，同时又是沉甸甸的责任和压力。加强专项资金的监督管理，规范专项资金的分配使用，提高专项资金的使用效益，已成为我们刻不容缓的任务。

（一）提高申报项目的规划、策划水平

中央财政专项转移支付项目经费具有鲜明的导向性，项目的安排要体现国家文物工作的重点，要符合文物工作的大局。必须着力解决文物保护项目经费安排上存在着的被动、盲目、随意等问题；必须在了解文保单位现状和维修需求的基础上，认真谋划布局，突出重点；要区分轻重缓急，要增强项目申报、安排的计划性。国家文物局应该进一步加强指导，增强工作的主动性、计划性，在项目安排上，更加注重文物本体保护，更加注重文物的合理利用，更加注重文物保护与促进地方经济社会发展、改善民生相结合，更加注重调动地方和全社会参与的积极性。对濒危的、急需抢救的文物保护项目给予优先安排，逐步排除存在的重大险情，确保文物安全。只有这样，才能按轻重缓急安排项目，避免"羊吃碰头草"、"眉毛胡子一把抓"的现象。

在规划项目时，要有开放的意识和胸怀。凡是国保单位，无论权属如何，都是国家和人民共有的财富，要将所有国保单位纳入视野，一视同仁；还要有项目库意识，努力要形成结项一批、实施一批、备选一批、论证一批的项目库滚动管理机制。

（二）做好项目的管理工作

一是要根据文物工作的自身规律和特点开展工作。我国文物资源丰富，规模、体量和类型千差万别；保护现状各异，有的保存较好，有的濒临损毁，保护修缮的必要性和紧迫性不同；保护维修使用的工艺和材质也不相同；文物的不可再生性和脆弱性，要求文物保护利用必须遵循不改变文物原状和最小干预原则，保护措施和技术方案必须具有很强的针对性，其对应的项目经费预算和管理必须适应这一要求，满足精细化、个性化的要求。

二是要转变职能，提高工作效率。为提高项目审批效率，提高资金的使用效益，满足专项经费管理的要求，国家文物局在文保项目申报方面应该进一步简化审批环节，下放审批权限，提高审批效率；引入第三方审核技术方案和协助审核预算方案；启动文物保护方案网报网审，预算审核和经费申请网络直报系统，解决地方反映强烈的项目审批周期过长、效率不高的问题。

进一步加强基础工作，加快有关标准和定额的制定，提高预算编制的科学性、准确性。

三是切实加强对重大项目实施和专项经费使用情况的监督、管理、评估和验收，把项目立项、预算审批与预算执行、完工项目的质量效益挂起钩来，形成一个平台、一个抓手，充分发挥中央财政专项资金的导向作用。总之，要逐步做到权责利相统一，审批与监督相结合，绩效评估与资金拨付相挂钩。

四是明确责任，各司其职。进一步适应转变职能的需要，明确文物保护专项资金的组织管理机制，落实财政部、国家文物局、地方财政部门和文物管理部门、项目单位的具体职责。

（三）做好项目实施和经费使用的监督工作

持续稳定增长的资金量是把双刃剑，它既为我们的事业发展提供了保证，也对我们的行业管理水平和能力建设提出了严峻的挑战。严格执行文物保护专项资金管理办法，推进文物保护项目"阳光工程"，确保资金使用效益，把文物保护工作落到实处。

在项目资金管理上，要树立五个意识：一是程序意识。程序正义是实现公平正义的必要手段，必须严守程序，不能越权越级行事。二是厉行节约意识。最近中央下发了一系列文件，要求厉行节约，反对铺张浪费。这一要求要贯穿在文物保护经费申报、审核、使用的全过程。三是关口意识。不能当老好人，要敢于挑毛病，勇于承担责任，要把好关口，守住底线。四是管理意识。要加强资金使用过程中的事中监管和事后监管，切实提高资金使用效益。五是绩效意识。绩效评价是预算管理的基本要求，是提高资金使用效能的重要抓手，应该逐步做到每项预算支出有目标、有验收、有考核、有反馈，做到"用钱必问效，无效必问责"。

（四）进一步理顺文物管理体制，建立文保经费分级保障机制

一是明确中央财政投入文物保护的增加应随着财政收入增长而增长的同时，考虑到现阶段文物保护面临的严峻形势，应适当高于财政收入增长的比例。

二是根据近几年财政管理体制改革的要求，对中央和地方事权与财权的

划分应按"一级政权、一级事权、一级财权、一级预算"原则来进行，以明确中央政府和各级政府的财政支出责任。全国性公共产品和服务以及具有调节收入分配性质的支出责任由中央全额承担；地方性公共产品和服务的支出责任由地方政府全额承担；具有跨地区"外部性"的公共产品和服务的支出责任，分清主次责任，由中央与地方各级政府按照一定比例共同承担。

三是积极推进文物管理体制和机制改革，逐步形成机构、队伍、经费和文物保护事权相适应的管理制度。相关政策措施向基层文保单位重点倾斜，保证他们有能力履行职责。中央财政要对经济欠发达地区、革命老区、少数民族地区和边远地区的文物工作加大支持力度。

关于确立 2020 年文物事业
发展目标体系的调研报告

国家文物局政策法规司

内容摘要：按照中宣部、文化部关于开展宣传思想文化系统大调研工作的总体部署，国家文物局组织开展了确立 2020 年文物事业发展目标体系的专题调研。报告认为，整体谋划 2020 年文物事业发展目标体系，既是深入贯彻落实党的十八大精神，明确文物事业在全面建成小康社会中定位和任务的时代要求，也是深化改革，加强文物事业宏观思考、顶层设计，进一步凝聚共识、坚定信心、不断增强做好文物工作自觉、自信的难得机遇。谋划好 2020 年文物事业发展目标体系，对于抓住和用好我国发展的重要战略机遇期，找准定位，把握大局，抓主抓重，改革创新，全面推进文物保护利用和传承发展意义深远。2020 年文物事业发展目标体系基本框架应涵盖体系构建、保护效果、社会作用、国际地位、政策保障等主要方面，基本实现：一是文物管理体系日益完备；二是各类文物得到全面有效保护；三是在五位一体建设中发挥重要作用；四是在国际文化遗产领域的影响力显著提升；五是政策保障切实有力。

为深入贯彻党的十八大精神，全面落实全国文物工作会议精神，明确 2020 年文物事业发展目标，按照中宣部、文化部关于开展宣传思想文化系统大调研工作的总体部署，2013 年 3～5 月，国家文物局组成调研组，由文化部副部长、国家文物局局长励小捷，国家文物局副局长董保华分别带队，组织开展了"2020 年文物事业发展目标体系"专题调研。在向 31 个省、自治区、直辖市文物部门，7 个直属单位以及故宫博物院、中国国家博物馆发出征求意见问卷的基础上，实地考察了江苏、浙江、辽宁、内蒙古、广东、广西、陕西、安徽等8个省区，分别召开了省、市、县三级文物行政、文博单位负责人参加的座谈会，走访了50多家基层文博单位，就确立2020年文物事业发展目标体系作了深入调研。

一 确立2020年文物事业发展目标体系的重要意义

习近平同志指出："实现全面建成小康社会、建成富强民主文明和谐的社会主义现代化国家的奋斗目标，实现中华民族伟大复兴的中国梦，就是要实现国家富强、民族振兴、人民幸福。"党的十八大明确提出到2020年全面建成小康社会目标，要求努力推进文化建设与经济建设、政治建设、社会建设、生态文明建设协调发展，建设优秀传统文化传承体系，弘扬中华优秀传统文化，建设社会主义文化强国。

在2012年全国文物工作会议上，刘延东同志发表讲话，要求全面推进文物保护利用和传承发展，努力建设与我国丰厚文化遗产资源相匹配，与社会主义文化大发展大繁荣相适应，与建设社会主义现代化国家目标相承接的文化遗产强国。

围绕2020年这个时间节点，整体谋划文物事业发展目标体系，既是深入贯彻落实党的十八大精神，明确文物事业在全面建成小康社会中定位和任务的要求，也是深化改革，加强文物事业宏观思考、顶层设计，进一步凝聚共识、坚定信心、不断增强做好文物工作自觉、自信的重要过程。

文物事业发展目标体系与党的十八大提出的到2020年全面建成小康社会目标相承接，与"十二五"规划相衔接，是指导和规划今后一个时期文物事业发展的纲领性、战略性文件，不仅具有严谨的科学性、前瞻性和系统性，而且具有严肃的约束性、规范性和指导性。谋划好2020年文物事业发展目标体系，对于抓住和用好我国发展的重要战略机遇期，找准定位，把握大局，抓主抓重，改革创新，全面推进文物保护利用和传承发展意义深远。

二 2020年文物事业发展目标体系的基本构成

确立2020年文物事业发展目标体系，旨在从战略上、全局上整体谋划文物事业发展前景，具有"定方向、定目标、定任务、定效果"的指导意义。

调研中，大家普遍认为，随着我国经济总量跃居世界第二，人民群众对精神文化生活需求持续增长，文物工作迎来了前所未有的发展机遇期，统筹谋划 2020 年文物事业发展目标，明确文物事业在全面建成小康社会和文化强国建设中的定位，意义深远、正当其时。

针对 2020 年文物事业发展目标体系构成，各地、各有关部门提出了许多切合实际的意见建议。总括起来，主要有以下几个方面：

一是在指导思想上，要紧紧围绕党的十八大提出的到 2020 年全面建成小康社会这一目标，牢牢把握习近平同志关于实现中华民族伟大复兴"中国梦"重要讲话的精神实质。

二是在时间节点上，要与"十二五"规划相衔接，与 2020 年时间节点相统一。

三是在目标确定上，要尽可能"接地气"。量化目标，要利于落实；制度措施，要利于实现；经费投入、人才队伍、科技支撑，要利于保障。

四是在体系构成上，要紧贴文化强国建设目标，紧贴文化遗产强国建设目标，贯彻"保护为主、抢救第一、合理利用、加强管理"的文物工作方针，体现文物工作在教育人民、服务社会、促进发展中的价值作用。既要全面完整、扎实具体，又要实事求是，切实可行。

围绕如何实现 2020 年文物事业发展目标，各地结合实际提出了很多、很好的意见建议。

江苏、浙江、辽宁等省建议，加强职能转变，推动文物行政管理由管项目向管宏观、管政策、管执法转变，多一些宏观研究、制度安排，少一些微观事务、文件会议；多一些监督检查、绩效考核，少一些项目审批、行政干预。

广东、安徽、广西等省区建议，加强法制建设特别是执法队伍建设，积极推动将《文物保护法》中与实际工作不相适应的条款予以修改、补充、完善。开平市、北海市文物部门还建议应明确私产公布为世界文化遗产、历史文化名城等文物保护单位的法律程序。

陕西、内蒙古、广西等西部省区建议，充分考虑东、中、西部地区差异，考虑边疆地区、民族地区的经济发展实际和文物工作实际，在经费投入、人才队伍和科技支撑等政策保障方面，加大倾斜力度和扶持力度，保障西部地区、边疆地区、民族地区文物工作与全国一起迈入全面建成小康社会新阶段。

综合各省、自治区、直辖市文物部门和有关单位、部门意见，按照体系构建、保护效果、社会作用、国际地位、政策保障5个方面，可将2020年文物事业发展目标体系基本框架概括为5句话：文物管理体系日益完备，各类文物得到全面有效保护，在五位一体建设中发挥重要作用，在国际文化遗产领域的影响力显著提升，政策保障切实有力。

——文物管理体系日益完备：理论体系基本建立，法律制度全面建立，体制机制基本确立。

——各类文物得到全面有效保护：文物资源状况全面廓清，文物保护水平显著提升，文物执法与安防能力全面提高。

——在五位一体建设中发挥重要作用：文物的价值作用得到充分挖掘，成为建设优秀传统文化传承体系的重要内容。文物、博物馆宣传教育功能得到充分发挥，成为公共文化服务体系的重要支撑。文物保护与城乡建设有机结合，成为建设美丽中国的重要力量。文物事业在经济社会发展中彰显突出价值，为全面建成小康社会做出重要贡献。

——在国际文化遗产领域的影响力显著提升：中国特色文物保护理念、技术在国际上得到广泛认同，在国际文化遗产事务中发挥重要作用。形成中国内涵、国际表达的对外文物展览系列。

——政策保障切实有力：资金保障日益健全，人才队伍建设全面提升，科技支撑作用显著增强等。

三 实现2020年文物事业发展目标的对策建议

（一）加强制度建设，积极构建符合实际、行之有效的法制体系

——加快文物法制建设。推进文物保护法及相关法律法规的修订，补充和完善世界文化遗产、水下文物、大遗址保护、考古勘探与发掘，以及文物安全、文物利用等相关内容；加快《博物馆条例》、《水下文物保护管理条例》的制定、修订；推动地方人大、政府健全文物保护地方性法规和部门规

章，切实解决文物立法滞后、覆盖面窄、操作性不强、配套规章偏少等实际问题。

——加强执法队伍和执法能力建设。建立健全国家文物督察制度，强化执法能力，从根本上解决省、市、县级文物执法"机构缺、人员缺、装备缺"的问题；加快建立文物安全实时监测、预警管理系统，切实提高文物安全技术防范能力；创新文物违法社会监督、舆论监督、群众举报激励机制，加大奖惩力度，积极构建吸引民众参与的文物安全群防群治网络体系。

（二）加强政策引导，积极构建有利于文物事业科学发展的保障体系

——加大财政投入，提高公共资金使用效率。比照教育部门经费管理办法，按照属地管理、分级负责原则，明确中央财政和地方财政责任，明确文物保护经费财政占比。加强分类指导，对全国重点文物保护单位、央地共建博物馆等应由中央财政给予专项扶持、保障的，宜减少省级配套、取消市县配套；省级以下文物保护单位、文博单位所需经费，由同级人民政府负担。健全经费使用绩效考核、项目验收和审计制度，切实解决重申报、轻管理，重审批、轻问效，以及资金使用效力不高的问题。

——加强人才培养，壮大人才队伍。建立文博单位领军人才、专业技术人才、复合型管理人才健康成长的体制机制，开辟人才成长渠道。建立文物博物馆从业人员职业资格制度，制定职业技术人才培养规划，充分发挥高等院校、科研院所和职业院校的作用，加快文物保护修复紧缺人才、特殊人才的培养。加强基层文物保护队伍建设，制定实施基层文博人才建设规划，吸引优秀人才服务基层。扩大文博人才总量，力争把全国专业人才占从业人员的比例由现在的37%提升到45%左右，科研机构专业人员占比提升到75%左右，把博物馆高、中、初级专业技术岗位比例由现在的1:3:6调整提升为2:3:5，切实扭转文博专业人才总量不足、结构不合理等紧迫问题。

——充分发挥科技支撑作用，加快信息技术、数字技术在文物领域的推广运用。建立健全行业标准和规范，大力推进文博单位与科研机构、高等院校的合作，探索文物保护科技创新协作模式，协同攻克重大文物保护关键技术

和瓶颈问题，力争全国文博科技行业联盟、区域创新联盟、科研基地达到60个以上，切实解决文物系统自身专业力量不足的问题。

——研究出台鼓励社会力量参与文物保护、利用的税收、土地和产业政策。大力支持社会力量参与大遗址、古村落、古民居、工业遗产等建筑遗产的活化利用，参与博物馆藏品数字化和数字化产品开发，发展民办博物馆和文物旅游及相关产业，推动文物在保护中利用，在传承中发展，满足人民群众多样化、多层次精神文化需求。

（三）深化改革，转变职能，进一步提升文物管理水平

——简政放权，强化管理。简化审批程序，下放审批权限，加大依法行政、依法管理力度，强化政策调节、社会管理、公共服务功能。综合运用法律、行政、经济、科技等手段提高文物管理效能，大力提升文物管理的精细化、规范化和信息化水平。及时主动向社会公开文物事业和重大项目情况，接受社会监督，推动文物行政部门由"办文物事业"向"管文物事业"、由微观管理向宏观管理、由部门管理向行业管理、由重管理向管理服务并重转变。

——深化改革，创新机制。比照环境保护部门做法，建立健全文物工作责任制度、问责制度，将文物保护责任纳入领导责任制，纳入科学发展考核评价体系，对领导不力、玩忽职守、决策失误，造成文物破坏、损毁的，严肃依法追究责任，彻底杜绝法人违法现象。力争文物保护单位执法巡查率实现100%；文物行政违法案件查处率达到100%；涉及世界文化遗产、全国重点文物保护单位的行政违法行为发生率控制在3%以内。

——部门协同，上下联动。充分发挥部际联席会议、省部会商会议作用，积极构建文物与公安、海关、工商、海洋等综合执法部门协同配合长效机制，加大对文物盗窃、盗掘、走私等违法犯罪活动的打击力度和处罚力度，引导规范文物流通秩序，全面提高文物保护管理整体水平。

——政社分离，行业自律。加强群众性文物保护组织建设，壮大文物保护员、文物保护志愿者队伍，加快形成政社分开、权责明确、依法自治的现代社会组织体制，最大限度地发挥社会组织、行业协会和广大志愿者参与文物保护的积极性。从根本上解决政社不分、权界不清、权责不一的问题。

附件　2020 年文物事业发展目标体系

（一）文物管理体系建立健全

1. 中国特色文物保护利用、传承发展理论体系基本建立

——对文物工作、文物事业基本内涵、基本规律的认识和把握不断深化。

——文物保护利用、传承发展的基本理念、理论体系初步建立。

——形成文物、考古、博物馆等系列科学研究成果。

2. 法律制度全面建立

——形成以新修订的《文物保护法》为核心，行政法规、部门规章和地方性法规相配套，与刑事、民事等法律相衔接的文物、博物馆法律制度体系。

——初步建立国家标准、行业标准、地方标准、企业（单位）标准相互补充、结构合理、满足急需、适应文物资源多样性的文博标准体系。

3. 政府主导、社会参与的体制机制基本确立

——建立权责一致、运转高效的文物行政管理体制。

——建立健全文物、博物馆单位的法人治理结构。

——建立政社分开、权责明确、依法自治的文博行业社会组织。

——建立健全社会力量参与文物保护利用的激励机制，保护文物成为全社会的自觉行动。

（二）各类文物得到全面有效保护

1. 文物资源状况全面廓清

——建立文物调查、登录制度，实现文物名录、档案动态更新和规范管理。

——全面掌握文物保护单位、馆藏珍贵文物的保存状况和保护需求。全国重点文物保护单位记录档案完成率达到 100%，建立全国重点文物保护单位基本信息管理平台。完成国有博物馆文物藏品和民办博物馆珍贵文物藏品登记、建档，建成全国博物馆藏品和国有单位收藏文物数据库。

——开展水下文物普查，基本掌握我国海域和内水水域水下文物整体分

布和保存状况。

——开展民间收藏文物调查、登录试点,为摸清民间珍贵文物收藏保存状况奠定基础。

——开展流失海外文物调查,基本摸清流失海外中国文物总体情况。

2. 文物保护水平显著提升

——文物保护单位保存状况全面改善,保护管理水平显著提升。世界文化遗产、第1~7批全国重点文物保护单位"四有"工作、150处大遗址保护规划编制全面完成,文物保护工程重点项目每年开工达到300个以上。涉及世界文化遗产和全国重点文物保护单位的重点文物保护工程合格率达到100%,重大险情排除率达到100%。各级文物保护单位抢救性保护、预防性保护实现常态化。

——完成远海考古研究船、水下文物保护基地、水下考古工作站及出水文物库房建设,水下文物保护装备和科技水平达到世界先进水平。

——馆藏文物保存环境全面改善。珍贵文物保护修复重点项目每年实施达到200个以上。涉及一、二级文物的修复合格率达到100%。漆木器、丝织品、青铜器、古书画等门类文物和自然标本的腐蚀损失状况基本得到遏制。国家一、二、三级博物馆和地市级以上博物馆等重点文物收藏单位的藏品保存环境全部达标。

3. 文物安全形势明显好转

——完善全国文物安全工作部际联席会议制度,健全与公安、海关、建设、工商、旅游等部门联动的文物执法与安全保障机制。推动建立国家文物督察制度。

——文物执法效能全面提升。文物保护单位执法巡查实现全覆盖;文物行政违法案件查处率达到100%。盗窃、盗掘和破坏文物的违法犯罪行为得到有效遏制。

——文物安全责任体系基本建立。政府属地管理职责、相关部门法定职责、文物部门监管职责有效落实。文物、博物馆单位(所有人和使用人)主体责任及岗位责任层层落实,严格文物安全责任追究。

——健全文物安全评价与达标机制,文物保护单位、国有博物馆风险等级重新评定工作全面完成。风险突出的文物、博物馆单位安全防范设施基本达标,一级风险单位达标率达到100%。文物安全监管平台初步搭建,文物监测与违法预警系统基本建成。

（三）在"五位一体"建设中发挥重要作用

1. 文物的价值得到充分挖掘，成为构建优秀传统文化传承体系的重要内容

——文物的历史、科学、艺术价值和作用充分彰显，将文物开放单位、博物馆建设成为优秀传统文化挖掘整理、宣传展示、普及弘扬、对外传播的中心，为实现中华民族伟大复兴的"中国梦"做出重要贡献。

——形成系列文物知识普及读物、影视动漫作品，建成一批传统技艺传习基地，将文物开放单位、博物馆建设成为爱国主义教育、思想道德培育和科学知识普及的重要阵地。

——形成传承优秀传统文化、弘扬爱国主义和改革创新精神的文物展览精品系列，将文物开放单位、博物馆建设成为国民教育的重要课堂。

——开展文物领域重要文化典籍建设，完成《中国文物志》、《新中国文物事业 70 年》等编纂出版工作，将文物开放单位、博物馆建设成为优秀传统文化荟萃的高地。

2. 文物、博物馆宣传教育功能得到充分发挥，成为公共文化服务体系的重要支撑

——符合条件的公共博物馆全部实行免费开放，国有、民办有机结合，综合、专题门类结构优化，面向城乡、服务公众的博物馆体系基本完备。

——博物馆公共文化服务人群覆盖率从 40 万人拥有 1 个博物馆发展到 25 万人拥有 1 个博物馆。年举办陈列展览 2 万个以上，接待观众 7 亿人次以上。

——文物开放单位、博物馆服务水平显著提升，公共安全制度建立健全，设施设备规范完善，参观文物开放单位、博物馆成为广大公众重要的文化体验。

3. 文物保护与城乡建设有机结合，成为建设美丽中国的积极力量

——建成 50 个以上生态博物馆和社区博物馆，30 个考古遗址公园，推出一批古村落保护利用试点项目和文物保护样板工程，优化人居环境，提升城镇品质。

——大遗址、古村落、古民居等保护利用纳入城乡建设和新农村建设总体布局，成为生态文明建设的新亮点。

4. 文物市场有序发展，搭建收藏鉴赏平台，满足公众需求

——建立完善的文物市场监管服务体系和文物经营资质管理制度，形成依法经营、诚信自律的文物市场经营环境。

——建立健全文物鉴定评估管理制度，有效服务文物司法鉴定、博物馆收藏、文物市场监管、公共收藏、文物鉴赏电视节目等公益文化活动。

——文物造假售假行为得到遏制，文物复仿制品生产制作、古玩旧货市场管理进一步规范。

——文物进出境审核管理实现标准化、信息化，文物进出境活动更加规范，非法流失现象明显减少。

5. 文物事业在经济社会发展中彰显突出价值，为全面建成小康社会做出重要贡献

——形成若干世界文化遗产、文化景观、文物片区、文物线路、名城街区、博物馆群和红色旅游、文化旅游示范园区，文物资源成为文化、旅游等相关产业发展的重要支撑，对经济社会发展的促进作用明显提升。

——文物事业服务社会、惠及民生的作用充分发挥，推动发展、彰显国家主权的功能显著增强。

（四）在国际文化遗产领域的影响力显著提升

1. 中国特色文物保护理念、制度和技术在国际上得到广泛认同，对推动人类文化遗产保护产生重要影响

——形成系列国际化表达的中国文化遗产保护实践与理论研究成果。

——在世界遗产申报与管理、水下文化遗产保护、打击文化财产非法贩运及促进返还原属国等领域发挥建设性作用。

2. 在国际文化遗产事务中发挥积极作用，参与双边、多边以及区域性交流与合作的能力显著增强

——扩大与文化遗产领域主要国际组织间的项目合作，与更多文物主要流入国（地区）签署防止盗窃、盗掘和非法进出境文化财产双边协定，形成以政府间交流为主、民间交流为辅的双边、多边文化遗产合作

机制。

——文物对外交流、援助的国家和地区更加广泛，参与文化遗产国际事务的广度和深度进一步拓展，服务国家外交大局的能力显著提高。

3. 文物对外展示传播渠道更加畅通，为中华文化走向世界做出更大贡献

——建立外交、外宣、文化、文物等多部门联动的对外文物交流机制，文物出展国家、出展地区进一步扩大，渠道和方式更加多元。

——形成中国内涵、国际表达的对外文物展览系列，建立文物出入境展览新格局。

（五）政策保障切实有力

1. 制度建设和政策保障基本完善

——建立健全文物保护责任制度和责任追究制度，文物工作纳入各级政府及文物部门领导责任制，纳入科学发展考核评价体系。

——形成完整、配套的文物保护利用财税、金融、土地、知识产权以及鼓励社会资金投入文物事业、鼓励个人收藏文物捐赠给博物馆的有关税收减免政策。

2. 资金保障机制建立健全

——完善中央、地方财政共担经费保障机制，公共财政对文物事业投入的增长幅度高于财政经常性收入增长幅度。

——形成多元化的文物保护利用资金渠道，社会资金投入、社会捐赠大幅增加。

——完善专项资金使用监督检查制度和财政投入绩效评价制度，资金使用效益显著提升。

3. 科技支撑作用显著增强

——科技创新能力不断提升。文物保护科学技术和装备取得重要突破，遥感、物探、卫星影像数据分析等现代科学技术在考古、大遗址保护中广泛应用；文物风险预控和古代壁画、饱水漆木器、古代书画、丝织品等保护技术达到世界先进水平。

——文物数字化保存与利用能力明显加强。基本实现一、二、三级博物馆和世界文化遗产、全国重点文物保护单位的数字化，推进智慧博物馆建设。

——形成实体研发机构与虚拟研发组织相结合的组织创新体系，组建30个行业重点科研基地、10～15个行业科技协同创新平台。

4. 人才队伍建设全面提升

——文物保护力量得到加强，实现文物保护机构、人员与职责任务相匹配。

——形成规模适度、结构优化、素质优良的人才队伍。文物行业从业人员规模达到13万人，专业技术人员所占比例达到45%以上，高中初级专业技术人才比例达到2∶3∶5，科研机构专业技术人员所占比例达到75%以上。

——建立符合事业发展需要，多层次、多方位的文博人才培养体系。高等教育专业设置更加完备，高等职业技术教育形成规模，在职培训人员每年达到1.5万人次，文物保护与修复等技术人才短缺现象明显缓解。

关于《文物保护法》修订的调研报告

国家文物局政策法规司

内容摘要：随着我国经济社会快速发展，文物工作发生了深刻变化。文物保护法颁布实施 30 余年来，一方面为文物保护工作和文物事业发展提供了强有力的法制保障，另一方面也与经济社会发展和文物工作实践不相适应，需要进行修订。根据全国人大常委会文物保护法执法检查的有关意见，国家文物局开展了文物保护法修订调研，提出了修法的思路和对策。

《文物保护法》作为我国文化领域的第一部法律，自 1982 年颁布实施特别是 2002 年修订以来，各级党委政府日益重视文物事业，文物工作体制机制渐趋完善，机构队伍逐步壮大，执法能力不断加强，经费投入逐年增长，文物保护状况明显改善；文物法制建设和文物知识宣传不断拓展，全社会文物保护的积极性普遍提高，依法保护文物的意识日益深入人心；各类博物馆、纪念馆和文物保护单位提升陈列展览、改进开放服务，助力公共文化建设和对外文化交流的功能不断增强，文物工作在服务经济社会发展、惠及民生方面的积极作用日益凸显。可以说，没有《文物保护法》保驾护航，就不会有文物事业取得的巨大成就。

近年来，随着我国经济社会发展，文物保护、管理、利用的理念不断创新，文物工作从领域、对象到方式、方法，都发生了很多变化，既面临重要机遇，也面临诸多挑战。2012 年，全国人大常委会在全国范围开展了《文物保护法》执法检查，提出了将修改《文物保护法》列入全国人大常委会立法规划的建议。2013 年，国家文物局将《文物保护法》修订研究列为重点工作，并列入文化部调研项目，由国家文物局领导带队，分别赴 8 省区开展了专题调研。

一 基本情况

2013 年初，国家文物局即着手进行《文物保护法》修订的初步研究。一是在征求局内各部门意见的基础上，形成《文物保护法》修订调研提纲，起草了调研方案。二是编制了调查问卷，开展《文物保护法》立法后评估。三是发函征询各地区、各方面对《文物保护法》修订意见和建议，并在中国文物报、国家文物局官网开设征询意见专栏。四是委托有关科研单位开展了地下文物埋藏区制度、世界文化遗产保护管理、国外《文物保护法》律制度比较、港澳台文物保护制度等研究项目。五是专门致函全国人大常委会法工委立法规划室，建议将修订《文物保护法》正式列入全国人大常委会立法规划。

4～5 月，国家文物局励小捷局长、董保华副局长带队，分别赴江苏、浙江、辽宁、内蒙古、广东、广西、陕西、安徽等省区进行《文物保护法》修订的专题调研。调研组在 8 个省区召开了 9 次座谈会，实地考察了 50 余个文博单位，广泛听取地方政府及相关部门负责同志以及基层文物工作者的意见建议，进行了深入交流。

二 各地提出的修订意见

调研过程中，地方政府及有关部门对《文物保护法》修订提出以下意见：

（一）文物的概念和范畴需要进一步明晰，文物认定的标准和办法需要完善

目前，文物的概念还未在法律中作出规定，纳入文物工作视野的新形态文物还未在法律中予以明确，文物认定还缺乏完善的标准，造成实际工作中执行困难。建议修法时进一步明确文物的定义，将实践中比较成熟的新的文物类型纳入法定文物范畴，定期公布受国家保护文物的范围。进一步完善文物认定的主体、程序和标准，建立文物鉴定管理制度和民间文物登记制度。

（二）地方政府重视不够，法律责任难以落实

《文物保护法》规定"将文物保护事业纳入本级国民经济和社会发展规划，所需经费列入本级财政预算"和将历史文化名城和历史文化街区、村镇保护规划纳入城市总体规划、将各级文物保护单位的保护措施纳入城乡建设规划。但是，对纳入规划和经费保障方面的责任还需要进一步明确。建议修法中进一步厘清中央和地方各级政府的文物保护责任，明确各级财政经费落实的比例和投入的方式，建立事权财权相匹配的经费投入长效机制，重点向市县级倾斜，并将文物保护纳入政府考核内容，明确规定文物保护责任制。同时，进一步明确社会力量参与文物保护的法律地位、权利、义务、方式和扶持措施。

（三）对不可移动文物保护的规定不够完善

法律对文物保护单位保护的规定较多，而对尚未核定公布为文物保护单位的不可移动文物保护措施较少。比如，对非文物保护单位的不可移动文物没有规定"四有"要求，对拆除、迁移非文物保护单位的不可移动文物没有限制性规定，对拆除不可移动文物没有规定论证、听证程序，造成不可移动文物大量损毁消失。建议增加对尚未核定公布为文物保护单位的不可移动文物的保护条款，在不可移动文物认定过程中，对认定对象设置保护期限；完善对文物保护单位的规定，建立文物影响评价制度、地下文物埋藏区制度、警告降级和撤销制度；完善文物保护规划制度和水下文物保护区制度。

（四）不可移动文物修缮管理与实际情况不尽切合

法律规定了不可移动文物修缮、保养的责任，文物保护工程资质的要求，修缮、保养、迁移不改变文物原状的原则以及相关审批要求。但是实践中，一是不可移动文物类别多样，适用同样的修缮要求和程序没有必要；二是现有文物保护工程资质单位总量少，完全不能满足文物修缮需要；三是现有的审批程序繁琐，审批时间过长，影响及时修缮；四是不改变文物原状原则缺乏分类评定标准，难以适应生产生活的客观需要；五是使用权人和所有权人

文物修缮保养责任大、义务多、受限多，而政府给予的支持和帮助较少，责权利不平衡。建议分类制定符合实际的文物修缮标准，尽量满足生产生活需要；资质资格管理要切合文物保护实际需要，不能搞一刀切；合理区分审批权限，尽可能下放并简化审批程序；建立文物保护补偿制度，平衡各方权益，增强文物保护积极性、主动性。

（五）文物利用缺乏制度规范

法律对文物保护单位用途的规定，仍有一定的局限性，难以适应众多不同类别文物的实际状况；文物开放利用的标准和要求，目前仍存在制度空白，难以适应公共文化服务的新要求。法律现有规定与"合理利用"还存在差距，与文物保护实际、经济社会发展需要还不相适应。建议调整文物利用管理的要求，在确保文物安全前提下，尽可能丰富利用的方式，鼓励开展合理适度经营，实现文物利用社会效益和经济效益的双赢；同时通过健全开放利用标准，加强综合监管，防止过度开发和过度商业化。

（六）考古发掘管理制度需要调整

一是配合基本建设工程的考古调查勘探发掘，未正式作为前置行政审批，造成文物部门监管的被动；二是需要进行考古调查勘探的大型基本建设工程标准不明，各地掌握尺度不统一；三是配合基本建设工程的考古调查、勘探、发掘所需费用性质不明，标准滞后，操作困难；四是对建设单位规避法律规定的行为缺乏有力的惩治措施。在城镇化、工业化以及房地产开发建设等蓬勃发展的现实情况下，由于法律的不完善，造成文物部门对建设工程立项缺乏话语权，在施工过程中难以实施有效监督，加之施工前建设单位不报请进行调查勘探、施工中发现地下文物不报告，致使地下文物遭受破坏的情况时有发生，文物部门多数情况下只能被动处理。建议将基本建设工程的考古调查勘探作为前置行政审批，同时明确审批标准，明确经费性质和保障方式，增加处罚措施。为减少基本建设工程和文物保护的矛盾，可以由政府出资，在工程立项阶段或者土地出让前完成考古调查勘探发掘。

（七）文物市场管理有待规范

《文物保护法》规定"除经批准的文物商店、经营文物拍卖的拍卖企业外，其他单位或者个人不得从事文物的商业经营活动"，而现实中，夹杂文物经营活动的古玩旧货市场发展迅速，文物网络交易活动日益频繁。面对日益繁荣的文物市场，监管制度的缺陷日益显现，法律规定再不调整，不但不利于文物保护和管理，也不利于满足公众收藏文物的正当需求。建议对文物市场有关法律规定予以调整，进一步明确监管职责，完善管理措施，加强规范管理。

（八）文物安全制度尚不健全

《文物保护法》在文物安全方面的规定不仅少，而且分散，相关规定不明确、不具体、不完善，文物安全监管职责和程序不够清晰，造成公安、文物等部门监管困难。建议建立文物安全专章，强化地方政府、相关部门、文博单位、文物使用人和所有人的安全责任，建立文物安全责任制、综合治理机制、安全事故处理与责任追究机制，健全相关监管措施。

（九）法律责任轻，处罚力度弱

长期以来，文物违法事件屡有发生，违法成本低、强制措施少、操作性差，致使法律震慑力和执法效力不强，必须加大对文物违法行为的惩治力度。建议增加行政强制措施，提高处罚力度，完善处罚主体、程序、方式和标准。建立文物保护公益诉讼机制，为保护文物、惩治违法提供更多的方式和途径。

（十）法律存在不衔接、不协调等问题

现行文物相关法律的框架结构、逻辑关系、语言表述，存在不科学、不严谨、不明确的问题；与现行其他法律还不相协调、不相衔接。比如《文物保护法》与《民法》、《刑法》、《物权法》、《行政处罚法》、《治安管理处罚法》等之间，既有内容上的衔接问题，也有适用上的协调问题。建议在修法时，从文物保护长远考虑出发，全面调整法律框架，精心设计法律制度，从技术上进一步完善法律内容，实现法律自身和法律之间的有效协调和密切衔接，以使修订后的法律更加符合实际，便于操作。

调研中，各地文物部门还提出了一些与法律修订有关的意见和建议。譬

如，减少或者下放行政审批权，简化审批程序；行政审批减少或者下放后，要加强过程监管、绩效考核，加大监督检查力度。又如，在机构设置、编制核定、经费投入等方面尽可能向基层倾斜。再如，应在法律中规定保护少数民族文物的条款，建议"对于历史悠久，具有建筑特点、民俗特点的典型少数民族村、乡、镇，可根据其文物保护价值，公布为少数民族历史文化保护区"。

内蒙古自治区文物局建议，在《文物保护法》第九条增加"县以上人民政府应当成立文物保护委员会，负责协调解决本行政区域内文物保护工作的重大问题"。

广西壮族自治区文物局建议通过立法调整历史文化名城、街区、村镇管理职能，明确文物部门职责。

三　思路与对策

调研表明，文物工作中出现的问题，既有法律贯彻不力的原因，也有法律自身滞后的原因，亟须调整、补充和完善。

（一）进一步认识《文物保护法》修订的必要性和可行性

对于修订《文物保护法》，全国人大常委会《文物保护法》执法检查中提出了明确意见，地方各级政府及有关部门提出了具体建议，社会各界多次呼吁，这为法律修订创造了有利的社会环境。实践中，《文物保护法》的一些内容已经不适应经济社会发展和文物工作需要，迫切需要作出相应修改。国务院机构改革和职能转变工作的实施，要求《文物保护法》与国家改革发展和行政管理体制改革的新要求相适应，进一步增强了修订《文物保护法》的紧迫性。近年来，国家文物局围绕《文物保护法》的实施情况多次开展调研，法律及其实施中存在的主要问题基本清楚，解决问题的思路基本明确，管理部门之间的共识较多；文物系统拥有一批实践经验丰富的文物法制专家，科研院所、高等院校建立了一定规模的文物法制研究队伍，国内外文物法制研究成果比较丰富。这些都为修订《文物保护法》奠定了扎实的基础。

（二）进一步明确《文物保护法》修订的原则和重点

修订《文物保护法》，一是必须围绕全面建成小康社会的目标，服从服务于工作大局。围绕政府行政体制改革的需要，体现机构改革和职能转变的要求；围绕文化强国建设的目标，体现文物事业科学发展的要求；围绕服务社会、惠及民生、共建共享的需要，体现文物在公共文化服务和经济社会发展中的积极作用。二是必须坚持文物工作方针，以有利于文物保护与安全为核心。文物工作方针是长期工作实践经验的总结，反映了文物工作规律性和特殊性的本质要求。文物保护与安全是文物事业的生命线，是事业可持续发展的前提和基础。因此，所有法律条款的修改都要契合文物保护、利用、管理的客观需要，必须将文物保护与安全作为核心。三是必须坚持开门立法，广泛听取各方面意见建议。要深入调研、科学论证，充分听取文物工作一线和立法机构、政府部门、科研院所、高等院校、专家学者、企业和社会公众的意见建议，广泛调动社会各界的积极性，积极吸收全社会的智慧。四是必须尊重文物工作实践，增强法律实施效力。各地制定的地方法规和长期实践中积累的经验作法，在《文物保护法》修订中要充分借鉴吸收。法律修订要与法律的有效执行相结合，既要增强法律的刚性要求，也要增强法律的可操作性。

修订《文物保护法》，重点是研究解决当前和今后一个时期文物保护、利用、管理中的实际问题。一是对与实践不相适应的规定进行调整。比如文物市场监管方面、加大对文物违法行为的惩治力度方面、宏观监督管理方面等。二是对缺失的法律制度予以补充。比如文物保护规划、世界文化遗产、大遗址保护和国家考古遗址公园建设、流失文物追索等方面。三是对法律不协调不衔接的内容进行完善。比如法律自身制度安排上不科学不完整的，框架结构、逻辑关系、语言表述不科学、不严谨、不明确的，与现行其他法律不相协调的，与社会管理的大趋势不相适应的，与有关国际公约、联合国文件不相衔接的等。

（三）进一步细化《文物保护法》修订的工作思路和进度安排

2013 年，我们要通过全面深入调研，广泛征询各方面意见建议，研究提出《文物保护法》修订的重点内容；在对一些不成熟或者存在争议的制度性问题进行专题研究基础上，拟订《文物保护法》修订草案大纲；报请将修订《文物保护法》纳入全国人大常委会立法规划。2014年的工作重点是报请将修订《文物保护法》列入国务院立法工作计划，起草《文物保护法》修订草案，并按照立法程序，适时上报国务院审议。国家文物局将加快工作进度，扎实做好修订研究和修订草案的起草工作，为顺利修订《文物保护法》奠定良好工作基础。

关于文物保护单位保护利用情况
公众态度的调研报告

国家文物局督察司　零点研究咨询集团

一　总体介绍

（一）项目背景和目的

文物是一种历史记忆，是一种价值符号，寄予着很多人的历史情怀和公共情感。对文物加以保护是国家与社会的重要责任，我国的文物保护工作坚持政府主导、社会支持、公众参与的原则。当下，文物保护和利用的关系如何处理，如何做到有效保护和合理利用我国的历史文化，这一责任也落到了每一个人身上。

在文物保护利用问题上，一个重要的代表就是寺庙道观等文保单位。文物保护单位中的寺庙道观，目前在用途上有开展宗教活动的，有开辟为公共参观游览场所的，有作为机关、学校、企业事业单位办公用途以及其他用途的。在开展宗教活动的文物保护单位中，一些是属于落实党和国家宗教政策，依法开辟为宗教活动场所的，也有一些是违法开辟的。

关于如何合理做好文物保护和利用，如何做好寺庙道观等文保单位的保护和利用，需要听取各方意见。

基于此，国家文物局督察司特委托零点研究咨询集团针对文物保护单位保护利用情况进行社会调查，希望达到以下目的：

——通过相关调查，了解普通公众、佛道教信众、宗教教职人员等对文物保护单位尤其是寺庙道观等文保单位保护利用情况的认知、态度、意见和建议等；

——通过相关分析，分析我国在寺庙道观等文物保护单位等方面取得的成效和存在的不足；

——为寺庙道观等宗教场所文物保护相关政策和工作提出意见和建议，为文物部门未来工作的开展提供参考。

（二）调查方案设计

1. 研究思路和内容

本项目以"文物管理部门如何更好地监管寺庙道观的保护利用"为研究核心问题，以文物保护利用的矛盾作为研究的着手点，分析矛盾存在的原因、表现形式、导致的后果，基于公众和宗教教职人员对矛盾的认知和态度，探究寺庙道观类文物保护单位的文物监管存在的局限性以及相应的解决思路。

文物保护单位涉及多个利益群体，包括文物、宗教、城乡规划、旅游、园林、公安、工商、海关等多个部门以及普通公众、宗教信众和宗教教职人员等，寺庙道观的保护和利用情况表现形式多样，关系较为复杂。而本研究并非是对文物保护单位保护利用问题进行全面深入地研究，而是基于寺庙道观文物监管的问题，从公众和宗教教职人员的角度出发，对寺庙道观的文物监管存在的问题进行基础分析，并提出方向性的解决思路。

本研究按照文物保护、文物利用和文物监管的模块梳理研究内容：

——在文物保护方面，重点讨论受访者对文物保护单位和寺庙道观与城市发展矛盾的认知和态度，对我国文物保护效果的评价，公众的文物保护行为，并梳理出寺庙道观的文物保护状况和存在的问题；

——在文物利用方面，着重分析受访者对文保单位用途的态度、公共游览场所转变为宗教场所的态度，利用效果的评价，梳理文物和寺庙道观的利用情况和存在的问题；

——在文物监管方面，从寺庙道观管理和文物部门监管的角度出发，重点研究受访者对寺庙道观改扩建问题的看法，对管理主体、管理权责、文物执法的态度和评价，分析其存在的问题，梳理寺庙道观利用和文物监管存在的矛盾。

2. 执行方案设计

本次调研涉及三类人群：普通公众、佛道教信众和宗教教职人员。其中，针对普通公众和佛道教信众主要是采用定量问卷调查的方式来征集公众对文物保护单位保护利用的认知和态度，数据分析显示两者的态度没有明显差异；针对宗教教职人员则是采用深度访谈的方式深入了解佛教团体、道教团体、宗教协会工作人员对寺庙道观保护利用的态度，获取生动鲜活的个案，寻求多元主体参与的问题解决方案和策略方向。

（1）普通公众定量问卷调查

本次调研针对普通公众的定量问卷调查将采用社区拦截访问的方式完成，在综合考虑经济发展程度、地域分布、城市级别等因素后，采用了多段随机抽样的方式抽取不同的地级市和县级市，最终抽取全国七大区域中的 10 个城市进行调查。

为了确保抽样的科学代表性，按照抽样原则，在每个抽样城市抽取不同的区县、街道和社区，社区的样本数量不超过 10 个。在抽样社区中随机抽取在当地城市居住两年以上的常住居民进行问卷访问，受访者的年龄在 15～65 岁之间，非文物、宗教等敏感职业人员。

本研究主要是针对一般性文物保护利用情况，寺庙道观的保护利用、管理和监管情况调查普通公众的认知、态度和评价。在问题的设计上，采用情景化的设计，通过寓教于乐的问题挖掘公众最真实的看法。计划完成样本 950 个，实际完成样本 1014 个。

（2）佛道教信众定量问卷调查

本研究针对佛道教信众的调查是在著名的佛道教寺庙道观拦截访问进行的。选取 22 个具有宗教文化代表性的文物保护单位作为拦截地点进行调查，抽取的样本分布在全国不同经济发展程度、地域分布、城市级别的城市。

在抽样点随机抽取对该寺庙道观参观完毕的宗教信众进行定量问卷访问，受访者的年龄在 15～65 岁之间，非文物、宗教等敏感职业人员。

本研究针对佛道教信众的问卷调查，除了与普通公众相同的内容以外，增设若干针对所拦访寺庙道观的问题，包括对文物保护单位的认知、商业性经营行为、保护的措施和效果。计划样本总量为 150 个，实际完成样本

171 个。

（3）宗教教职人员深度访谈

针对宗教教职人员的调查采用定性深度访谈的方式进行。受访对象是在抽样寺庙道观或宗教协会工作两年以上的宗教界人士和相关工作人员。深度访谈（In-depth interview）是一种无结构的、直接的、一对一的访问，了解受访者的见识与经验，并进一步洞察受访者对某一问题的潜在动机、信念、态度和情感。

本研究主要是针对受访者所在寺庙道观或宗教协会所管辖的寺庙道观的利用和保护的状况，以及目前我国寺庙道观管理制度的局限性等内容进行深度访谈。共完成访谈 16 个样本，涉及佛教寺庙 13 个、道教宫观 3 个、佛教协会 2 个、道教协会 2 个，覆盖北京、上海、宁波、南京、成都和重庆等城市。

二 具体分析

第一部分 文保单位和寺庙道观的保护

本部分主要研究受访者对我国文物保护单位和寺庙道观保护现状的认知、态度、行为和评价。首先从文物保护的社会心态着手，研究受访者对文物保护现状的认知，对文物保护和寺庙道观与城市发展矛盾的态度，然后分析社会公众对文物保护和行为和评价，结合对寺庙道观的走访，通过实地观察和深度访谈的方式梳理出寺庙道观的保护状况和存在的局限性。

（一）文保单位和寺庙道观保护的认知和态度

1. 城市发展对文保单位有破坏，一、二线城市公众的认知更为突出

当前，随着我国工业化、现代化、城市化进程的加快，大规模城乡建设如火如荼，文物保护单位的保护面临着全新的挑战。调查显示，有 18.6% 的受访者明确表示，在近两年来，所居住城市有发生过因城市建设或商业开发而破坏文物保护单位的现象。

通过交叉分析检验，普通公众和宗教信众的态度没有明显差异，但不同来源地区受访者的认知有差异。从不同的地区来看，经济相对发达的城市在

城市发展和文物保护之间的矛盾更为突出，分别有21.6%和21.3%的一线、二线城市居民表示所在城市发生过因城市发展或商业开发而破坏文物保护单位的现象，公众的认知相对较高，而三线和四线城市的认知比例仅为8.4%和13.4%，在一定程度上体现一、二线城市因城市的发展对文物破坏的情况相对更加严重。

从具体的城市来看，成都和北京受访者感知出现因城市建设或商业开发而破坏文保单位现象发生的比例相对较高，分别为35.6%和23.7%，武汉（10.4%）和青岛（4.5%）受访者的提及比例相对较低。公众对所在城市发生破坏文保单位认知比例与该城市的文物密集程度、城市的经济发展阶段、地方政府对待文物的态度、文物事件的传播都有密切的联系。据电话深访来看，受访者认为房地产的开发对当地的文保单位的破坏较为严重，一、二线城市这种矛盾相对更为突出。

总体而言，我国的文物保护形势相当严峻，在现代化进程和现行法律法规的框架内中正确处理文物保护与经济社会发展的关系，是确保文物保护单位的安全的关键所在。

2. 公众对文物遭破坏事件认知不足，倾向认为城市发展中要注重对文物的保护

《中华人民共和国文物保护法》规定各级人民政府应当重视文物保护，正确处理经济建设、社会发展与文物保护的关系，确保文物安全。

以南京市政府未经审批整治全国重点文物保护单位明城墙事件为例，调查显示，仅有14.2%的公众知晓明城墙环境整治事件。其中，一线城市的知晓度最高，达到19.8%，四线城市最低，仅为10.6%。综合来看，文物保护事件历来都是社会新闻报道的热点事件，但该事件的知晓度不足两成，可见文物保护宣传教育的传播有效性有待提升，特别是针对三、四线等欠发达城市。

本研究调查公众对明城墙环境整治事件的看法。调查结果显示，有47.3%的公众对南京市政府拆除老旧建筑表示肯定。其中，有25.4%的公众表示"自拆老旧建筑改建绿地，为保护历史文化名城做出了贡献"，另外有21.9%的公众则提到"打造公共休闲场所，让市民共享发展成果，很值得"，也表示了支持。相反地，有30.2%的公众认为"拆除老旧建筑代价太大，有点不值得"，对南京市政府的做法表示了怀疑。

从受访者不同的职业来看，离退休人员倾向于在休闲娱乐方面对南京市政府的行为进行肯定，机关团体干部、企业中高层则更加强调文化的保护，而工人、专业技术人员、个体户和学生持怀疑态度的占大多数。

文物保护不仅与周边的环境整治有矛盾，与城市的建设、民生工程和经济发展也存在一定的矛盾。调查显示，在经济建设、民生保障与文物保护之间的矛盾中，有42.6%的受访者表示"文化遗产保护比经济发展、城市建设重要得多，即使是建设保障房这样的民生工程也不如文物保护重要"。另外，有29.6%的受访者认为"城市发展与文物保护是不矛盾的，应该能够处理好相互之间的关系"，而持"经济建设和文化遗产保护本身是存在矛盾，城市发展的过程中牺牲一部分文化遗产无可厚非"的观点有6.4%。可见，绝大部分公众在经济建设和文物保护的矛盾中倾向于强调文物保护更为重要。因此，地方政府在处理文物保护单位与城市建设的矛盾中，应加大对文物的保护力度，坚持经济建设和文物保护的有机、辩证统一，兼顾经济效益与社会效益，努力实现经济建设和文物保护事业的良性互动和全面、协调、可持续发展。

3. 寺庙道观与城市发展的关系更复杂，宗教兼具调和与反调和作用

宗教教职人员对寺庙道观的保护与城市发展的关系看法不一，宗教对调和文物保护单位的保护与城市发展的关系有促进作用，也增加了复杂性。根据对宗教教职人员就寺庙道观的保护与城市发展的矛盾进行深度访谈，可归纳为以下几种不同的观点：一是名寺古庙名气大，有利于塑造城市形象，政府重视，与城市发展互相融合，文物保护和城市发展能够协调。二是在文保单位的保护和城市发展的矛盾中，寺庙道观的宗教性在一定程度可作为文物的保护伞。三是保护单位的保护与城市发展有矛盾，寺庙道观是国家所有，被拆迁也是无可奈何的。四是部分宗教团体对所有权不以为然，认为寺庙道观是出家人的家，对因与城市发展产生矛盾而被拆迁持反对意见。

（二）文物和寺庙道观的保护行为和效果

1. 公众对文物保护的积极性不足，文物部门需加强宣传和执法工作

我国文物遍布全国，公众的文物保护行为对文物保护起到至关重要的作用。公众的行为特征表现可作为文物管理部门开展文物安全宣传教育工作和制定文物执法政策的重要依据之一。

调查显示，超过两成的受访者面对文物违法没有采取行动，其中有19.2%的受访者表示"觉得有责任阻止，但没有采取行动"，还有5.2%的公众认为"与我无关，会有人解决的"。可见，公众对文物违法的主动性不足。

保护文物是国家和社会的重要责任，需要坚持政府主导、社会支持、公众参与的原则。因此，有必要对公众加强宣传教育，树立正确的文物保护意识，强化责任意识，通过生动有趣的方式培育公众与文物违法行为做斗争的方法手段，动员全社会的力量共同保护文物遗产。值得注意的是，培育公众参与文物保护是一个长期的过程，非一朝一夕之功。在当前的情形下，文物行政保护仍然是文物保护的主体，需要进一步加强文物监管和执法工作。

2. 寺庙道观破坏来源广泛、潜在风险大，文物保护存在诸多困难

根据走访的结果进行归纳分析，梳理出列为文物保护单位寺庙道观的危害来源、寺庙道观采取的措施、文物部门采取的措施以及寺庙道观在文物保护方面存在的局限性。

当前，我国正处在文化遗产被破坏的高危险期，列为文物保护单位的寺庙道观的保护现状堪忧。从寺庙道观的使用方来看，寺庙道观的文物保护工作存在以下局限性：一是文物保护与宗教教义存在一定的不协调性，出家人讲无常、随缘、平等，缺乏刻意保护文物的动机，保护意识不足。二是缺乏科学的规划，保护的条件有限。三是缺乏保护和修缮的专业人才。

从文物行政管理部门的监管来看，主要存在以下局限性：一是资金不足，文物管理部门的资金拨付不及时。二是在属地管理过程中，地方文物部门的监管落实不强。三是寺庙道观存在宗教性，文物管理部门难以过度介入监管，过度依赖使用人的自觉性，监管手段有限。

3. 寺庙道观的保护效果一般，各地公众对保护效果评价相差较大

调查显示，公众对我国的文物保护效果评价得分为61.5分（均值100分制）。有近三成公众对我国的文物保护效果明确表示不满意，其中有22%的受访者认为我国的文物保护效果不太好，表示效果很差的比例为4.9%。

从公众对寺庙道观类文物保护单位保护效果的评价来看，其评价与一般性的文物保护类似，有20.8%的受访者明确表示不好，其中表示很差的比例为2.5%，另外有44%的受访者对我国寺庙道观的保护效果给予了肯定。

据所走访的寺庙道观的情况来看，重大节日寺庙道观的客流较大，寺庙道观主要是采取设置围栏、张贴告示、义工劝导的方式进行保护。

从具体的城市来看，不同城市公众的评价具有非常明显的差异。调查显示，成都（72.7 分）、上海（67.2 分）公众的评价相对较高，而福州（55.2 分）、青岛（59.5 分）公众的评价相对较低。

由于各级"文保单位"的所有权并非全部归属文物管理部门或公共机构，文物、城乡规划、旅游、园林、宗教等部门都拥有对部分文化遗产的所有权和管理职权，公安、工商、海关等部门在其职能范围内也都承担着相关职责。我国文化遗产管理体制上处于部门分割状态的特性加剧了"文保单位"日常管理的复杂性，增加了文物保护的困难性。

第二部分　文保单位和寺庙道观的利用

本部分主要研究的是受访者对文物保护单位和寺庙道观利用的认知、态度、行为和评价。包括对文物保护单位用途的态度，对寺庙道观恢复为宗教场所的态度，寺庙道观的利用现状及存在的局限性，对寺庙道观商业行为的态度以及对我国文物保护单位利用效果的评价。

（一）文保单位和寺庙道观用途的态度

1. 公众对文保单位用途态度开放，公益性和文化性需求相对突出

根据《中华人民共和国文物保护法》相关规定，国有文物保护单位中除了作为公共参观场所、保管所、博物馆等用途之外，要作为其他用途的，需要经过文物部门审批。

调查显示，有 65.8% 的公众认为文保单位作为公共游览参观的场所比较合理，其次是博物馆（49.8%），作为"宗教团体开展宗教活动的专门场所"（32.3%）和"学习、娱乐的会所或者俱乐部，让它发挥经济"效应（30.6%）的提及比例也超过三成，可见公众对文保单位的利用态度较为开放。

从不同特征公众来看，不同宗教信仰倾向公众对文保单位利用的态度具有明显差异。40.6% 有宗教信仰倾向的受访者表示文物保护单位应该作为"宗教团体开展宗教活动的专门场所"更合理，提及率第三，排在"供公众参观、游览的场所"和"建立博物馆"两种完全公共目的用途之后，但明显高于没有宗教信仰倾向受访者的提及率（29.8%）。在"供公众参观、游览的场所"这个功能上，有宗教信仰倾向的受访者的提及率为61.2%，低于没有宗教信仰倾向的受访者（67.3%）。较之普通公众，有宗教信仰倾向的公众对于文物保护单位有更加强烈的宗教情节，将文保单位开放作为宗教活动场所的态度相对更强。另外，文保单位保护经费不足的论断见诸报端，公众对文保单位通过开辟作为学习娱乐会所，发挥经济效应有一定的诉求，寄希望通过文物保护单位创造经济价值来完善自我造血功能，形成保护和利用的有效协调。

总体来说，在公众心目中，文物保护单位的公益性和文化性特征深入人心，公共属性突出，对将其作为完全公共目的开放性场所的态度强烈。因此，有必要在保护文物的基础上，完善文保单位基本公共文化服务功能，谨慎地发展其他功能，以便更好地发挥文物的社会、经济效益。

2. 游览场所转变宗教场所需谨慎，管理问题和新建成本是影响因素

供公众参观游览和作为宗教活动专门场所，是文物保护单位两种重要的用途。对于寺庙道观而言，具有一定的特殊性，公众对其用途有不同的态度倾向。

研究设计了一个场景："L市有一座寺庙，是国有文物保护单位，建国以前就已经停止了宗教活动，改革开放后经政府出资维修修缮，已经向社会公众开放，供大家参观、游览。有一个宗教团体呼吁，以该寺明清时期开展宗教活动为由，要求开辟为宗教活动场所，并且在未审批的情况下，进驻该寺开展宗教法事活动。此种文物保护单位用途的改变，依法应经文物管理部门批准。你觉得文物部门应不应批准？"以此来调查受访者对已作为公共参观游览场所的寺庙道观转变为宗教活动场所的看法。

（1）提及管理问题前，不同群体对游览场所转变为宗教场所分歧较大，宗教界人士对其需求更为强烈

调查显示，有38.6%的受访者认为"寺庙道观本来就是宗教场所，开展宗教活动无可厚非，应该批准"，是所有选项中提及率最高的。持相反观点的受访者有29.2%的比例，他们认为"寺庙是国有文物保护单位，属于国有财产，开辟为宗教活动场所容易造成国有资产流失"。另外有17.7%的受访者以

辩证的态度看待这个事件，表示"应当考虑宗教团体的宗教活动对寺庙可能造成的损坏再来判定能否批准"。总体来看，在作为公共参观游览场所的寺庙道观，转变为宗教活动场所的问题上，三种态度都有较大的比例，可见这个问题本身具有较大的分歧性。

从不同的职业来看，机关或团体干部（38.1%）、科研教学等专业人员（35.8%）、个体户（32.9%）更强调寺庙道观的国有性质，国有的属性，认为不应该批准。而有超过四成的离退休人员（44.2%）、工人等勤杂人员（41.6%）、企业普通办公室人员（43.2%）等群体明显倾向于赞成恢复寺庙道观的宗教活动功能，认为应该批准。

不同宗教信仰公众均倾向批准为宗教活动场所，尤其是宗教界人士。从不同宗教信仰的公众来看，有44.8%有宗教信仰倾向的受访者赞成批准作为宗教活动场所，远远高于不批准（24.6%）。而对于没有宗教信仰的受访者而言，有36.7%的比例表示应该批准，略高于持否定态度的受访者（30.6%）。对宗教界教职人员进行深度访谈可知，他们对于恢复寺庙道观作为宗教活动场所的愿望非常强烈，他们所持的观点如下：一是寺庙道观原本归宗教团体所有，是落实宗教政策的体现。二是现有的宗教场所不能满足宗教信众的需要。三是没有宗教团体入驻的寺庙道观易成为地方非法经营、谋取利益的场所。

（2）提及管理问题后态度发生转变，超四成公众不赞成开放作为宗教活动场所

宗教团体使用寺庙道观可能存在的管理保护的问题主要有：宗教团体未经文物部门审批对列为文保单位的寺庙道观进行改扩建、有可能破坏文物本体及历史风貌，当前寺庙道观的安全保卫工作责任主体不明确、修缮费用筹措责任不清，缺乏有效监管等。

在就这些问题征询公众的态度后，公众对已经开放作为公众游览、参观场所的寺庙恢复为宗教活动场所的态度出现了转变。调查显示，在提及管理问题后，持不批准态度的比例从29.2%变成40.7%，成为占据主体的观点，而持批准态度的比例从38.6%下降为28.6%。由此可见，寺庙道观的保护、修缮等管理问题的存在是制约将已经开放成为公共游览场所的寺庙道观转变为宗教活动场所的主要矛盾，社会公众对一问题普遍缺乏足够的意识，以致

造成提及管理问题前后出现观点迥异的情况。

在提及管理问题后，重宗教派赞成批准开放的群体流失近六成。依据在提及管理问题前对于批准开放的不同态度，本研究将持批准态度的群体视为"重宗教派"，持不批准态度的群体视为"重文物派"，持辩证态度的群体视为"中间派"。在提及管理问题后，有42.8%的"重宗教派"没有改变态度，坚持认为文物部门应该批准开放，有39.3%的受访者则转向支持不批准，认为"寺庙的保护更重要，宗教团体应该寻求其他办法建活动场所"。而"重文物派"在提及管理问题后，有56.4%继续持不批准开放的态度，18.5%的受访者转向选择支持开放。综上，在提及管理问题后，"重宗教派"群体持批准开放态度的群体流失57.2%，而"重文物派"群体的流失也达到43.6%。进一步说明寺庙道观管理问题的重要性之外，也体现了将已经开放作为公共游览场所转变作为宗教场所问题的复杂性，需要谨慎处理，妥善安排。

有宗教倾向公众的态度以批准为主，没有倾向则以不批准为主。在提及管理问题前，有宗教倾向和没有宗教倾向的公众都以支持批准为主。在提及管理问题之后，有宗教倾向的持批准开放为宗教活动场所的支持比例由44.8%下降为39.5%，但仍高于持不批准态度的比例（32.4%），而没有宗教倾向的持批准态度的比例由36.7%下降为25.2%，低于持不批准态度的比例（43.3%）。

（3）提及新建成本，公众倾向赞成宗教场所使用寺庙，宗教教职人员对新建寺庙和老旧寺庙有分歧

根据《宗教事务条例》第三条，国家依法保护正常的宗教活动，维护宗教团体、宗教活动场所和信教公民的合法权益。国家尊重和保护宗教自由发展的权益，宗教活动需要一定的活动场所，一种方法是将现有的文物保护单位开辟为宗教活动场所，这样可以节约成本；另一种是新建寺庙道观，这种方法可以保护文物。

调查显示，有54.5%的受访者认为"没必要重新建，可用现有寺庙、道观、宫观等文物保护单位，但要加以保护"，有31.7%的受访者表示"需要重新建，应该避免一切文物保护单位被破坏的可能性"。可见，在自由发展宗教事务的前提下，新建成本是影响公众对待使用现有文保单位来开展宗教活动态度的重要因素，在对宗教界人士进行深度访谈，宗教界人士对待新建场

所的态度莫衷一是，可归纳为两种不同的态度：一是倾向修行和云游的出家人对待文保单位和新建场所没有区别心。根据访谈的资料分析可知，有部分出家人更加倾向于个人的修行，对待宗教活动场所持无所谓的态度。重视个人修行，不执著于环境。二是重视持家和弘法的宗教教职人员更加倾向于将文保单位恢复为宗教场所。有部分宗教教职人员以弘扬佛法、道法为由，极力呼吁将寺庙、道观、宫观等文保单位恢复作为宗教团体使用的宗教活动场所。

（二）文物和寺庙道观的利用情况和效果

1. 宗教场所的利用形式多样，利用类型和利用强度难监管

根据《宗教事务条例》，宗教活动场所可供当地信教公民开展集体宗教活动，可以按照宗教习惯接受公民的捐献，可以经销宗教用品、宗教艺术品和宗教出版物，设立商业服务网点应当事先征得该宗教活动场所和所在地的县级以上地方人民政府宗教事务部门同意。

从走访的寺庙、道观等宗教场所来看，作为文物保护单位的宗教场所，利用形式多样，主要有日常宗教生活、宗教节日、宗教学术教育、机构办公、经营性佛事服务和公共文化服务等六种类型。

宗教团体使用寺庙道观有利于服务社会和传承传统文化。结合走访的寺庙道观，根据宗教教职人员的分析，宗教团体在使用寺庙、道观等文物保护单位，除了开展正常的宗教活动，弘扬宗教文化以外，能够发挥以下积极的公共价值效应：一是从事慈善的公信力强，传递社会正能量，二是有利于发扬传统文化。

当前宗教团体在管理使用被列为文物保护单位的寺庙道观上也存在以下不足：一是公民可参与的公共用途比例低，到寺庙烧头香、做法事等行为存在过度商业性倾向，但这种商业性经营行为界定模糊，需要进一步研究界定。二是根据走访结果看，一些寺庙道观的使用缺乏科学的规划，利用强度过于随意，文物保护宣传不够。三是宗教问题敏感，寺庙的历史渊源和所有权归属复杂，对文物进行有效监管存在困难。

2. 公众坚决抵制寺庙被上市、被承包等过度商业化现象

本研究列举一个事例："潭柘寺、戒台寺80年代对外开放，2000年前后升级为全国重点文物保护单位。1998 年，潭柘寺、戒台寺被京西风光旅游开发有限公司作为上市资产经营。但 2002 年颁布的《文物保护法》规定，建立博物馆、保管所或者辟为参观游览场所的国有文物保护单位，不得作为企业资产经营。"以此调查公众对文物保护单位上市的知晓度和态度。

寺庙道观上市经营引起了社会公众的强烈反响，造成了恶劣的社会影响。调查显示，有 43% 的受访者认为"有关部门应该依照文物法的规定，收回京西风光旅游开发有限公司的经营权"，而表示"潭柘寺、戒台寺二寺上市在先，文物法的相关规定出台在后，应该保有京西风光旅游开发有限公司的经营权"的比例仅为 9.2%。

由此可见，公众坚决抵制作为文保单位的寺庙道观进行上市经营。潭柘寺、戒台寺上市经营一方面导致列为国家级文保单位的国有资产流失，另一方面将宗教活动场所开辟为商业经营的场所，与宗教事务教义相违背，扰乱了正常的宗教事务管理秩序。

3. 文物利用缺乏监督规划，过度利用和利用不足同时存在

调查显示，不足两成（18.5%）公众认为我国的文物利用适度。过度利用和利用不足的态度相当，有 19.1% 的公众认为我国的文物利用过多，其中，有 13.7% 的公众表示利用太多、缺乏监督，而认为利用不足的有 19.6% 的比例。

（1）北京公众对过度利用提及高，上海公众对利用不足提及高

从不同类型的公众来看，不同城市公众对文物的利用效果评价存在明显的差异，有 34% 的北京公众认为我国的文物利用太过度，缺乏监管，而上海仅为 3.8% 的提及率，上海公众认为文物利用还不够的却有 27%。

造成这种差异的主要原因可能有两个：一方面，北京的文物无论是从数量和质量上都是冠绝全国的，在文物的利用和保护上更受关注，北京的文物保护和城市发展的矛盾更加突出。另一方面，从城市形象来看，北京的城市形象倾向于历史文化厚重的，而上海则更加体现的是海派现代商业气息。因此，北京的老百姓更倾向能够保持历史文物的原汁原味，尽量少开发利用，而上海的老百姓的文物利用态度相对开放，保护的思想负担相对较轻，更重视文物的开放利用。

由此可见，文物的利用和保护要因地制宜，在监督和规划上结合文物的特点、城市的发展和民众的需要。

（2）高学历公众对文物利用过度和不足的分歧相对更大

不同学历层次的公众在我国文物保护效果的评价上也具有明显的差异性。总体来说，学历高的公众相对认为我国的文物的利用过度，有 26.7% 的本科及以上的公众表示我国的文物利用过多，其中表示利用太过度的达到 18.8%，高于其他学历的受访者。

由于文物的利用缺乏监督规划，公众在文物过度利用和利用不足的评价同样明显。从不同学历层析来看，高学历层次的受访者在这两种态度上的分歧相对更大。

第三部分　文保单位和寺庙道观的监管

本部分主要考察的是受访者对寺庙道观管理和文物监管的态度，包括对寺庙道观改扩建的态度、对寺庙道观保护责任主体的态度、对寺庙道观保护费用的态度、对宗教团体破坏寺庙的处理态度、对文物执法的评价等。

（一）寺庙道观的改扩建

1. 寺庙道观改扩建的问题争议较大，三种不同的意见相持不下

在使用寺庙道观时，有些宗教团体为满足宗教活动的需要，可能会对该寺庙道观进行一些改建、扩建、改造、装修，本研究着重调查公众对作为文物保护单位的寺庙道观改扩建的态度。

调查显示，有 37.4% 的受访者表示"可以根据宗教活动对原有建筑形态进行一些改扩建"，有 34% 的受访者认为"改扩建会影响、损害文物的本体和历史风貌，不赞成改扩建"，持这两种相反观点的受访者比例相当，另外有 21.7% 的受访者持中间态度，认为"如果扩建不影响文物，应当依法报批后再做一些改扩建"。可见公众对于列为文物保护单位的寺庙道观的改扩建问题各执一词，难下定论，需要文物管理部门加紧对寺庙道观的改扩建问题深入研究，在有效保护文物的前提下，充分考虑宗教团体开展宗教活动的需求。

调查显示，学历层次越高，赞成可以根据宗教活动的需要直接进行改扩建的比例越低，小学及以下群体持这一观点的比例为 54.2%，而仅有 31.2% 的本科及以上群体表示赞成。学历层次越高的，持有"如果改扩建不影响文物，应当依法报批后再做一些改建"的中间协调观点的比例越高，本科及以上群体的提及率为35.1%，远远高于其他学历群体。

从不同职业来看，有40.5%的机构或团体干部表示应该依法报批后再进行改建，而企业普通职员和工作等勤杂人员则赞成根据宗教活动所需直接进行改扩建的比例较高，分别达到39.6%和44.6%。

2. 寺庙道观改扩建有诸多管理问题，宗教团体呼吁政策灵活变通

宗教信仰对公众看待宗教团体改扩建寺庙道观的态度具有显著的影响。由调查可知，宗教倾向的受访者不赞成对寺庙道观进行改扩建的比例为28.8%，明显低于没有宗教倾向的公众（35.6%）。在有宗教信仰倾向的群体中，有39.5%的受访者赞成"可以根据宗教活动的需要对原有建筑形态进行一些改扩建"，另外有28.1%的公众表示"如果改扩建不影响文物，应当依法报批后再做一些改扩建"，这两种观点的提及率均高于没有宗教倾向的群体。

总体而言，有宗教信仰的群体在情感上倾向于宗教活动，较大比例的公众赞成可以根据宗教活动所需对寺庙道观进行改造。但近三成有宗教信仰倾向的受访者不赞成对寺庙道观进行改扩建，可以说明寺庙道观的改扩建存在诸多的问题，需要在未来的相关工作中加强管理。

对宗教教职人员进行深度访谈，可知宗教团体倾向于对寺庙进行该扩建，所持的理由如下：一是要满足入驻僧道的生活所需。二是要满足宗教发展所需。

对各寺庙道观进行走访，发现列为文保单位的寺庙道观的改扩建工作存在以下管理问题：一是报批制度执行差，审批流程时间过长。二是存在隐瞒不报的风险，文物部门监督难度大。三是执法与监督不到位。

（二）寺庙道观的管理

1. 公众对寺庙道观国家所有的意识较强，不同的管理设置各有利弊

根据《中华人民共和国文物保护法》的相关规定，中华人民共和国境内地下、内水和领海中遗存的一切文物，属于国家所有，县级以上地方人民政府承担文物保护工作的部门对本行政区域内的文物保护实施监督管理，国有不可移动文物由使用人负责修缮、保养。

列为文物保护单位的寺庙道观属于国家所有，开辟为宗教活动场所的寺庙道观由宗教团体具体使用。调查显示，有47.3%的受访者认为寺庙的建筑保护、修缮、安全工作应该由政府文物部门负责，有24.6%的公众则表示这些工作应该由使用该寺庙的宗教团体负责，认为应该由宗教团体的上级管理部门，如宗教协会或宗教事务管理局等负责的比例为 5.7%。此外，还有 17.5% 的受访者表示"文物局负责管理和监察，宗教协会负责协调监督，宗教团体负责具体的保护、修缮和安全工作"，寺庙的保护管理应该采取多方协作的来开展。

由此可见，公众对寺庙道观归国家所有的意识比较强烈，倾向认为政府文物部门应该承担寺庙道观的保护责任。

寺庙道观的保护和管理工作与寺庙道观的产权、管理机构的设置情况密切相关，我国列为文物保护单位的寺庙道观在产权、管理上存在诸多困难：

（1）存在三种主要的管理主体

根据走访的寺庙道观的情况，开辟为宗教活动场所的寺庙、道观的管理主体有三种：宗教团体专管、宗教团体与隶属宗教局的管委会共管、宗教团体和隶属文物局的管委会共管，在后两种模式中，宗教教职人员更倾向于前者。

（2）产权归属不明确

根据现行宗教政策，佛教、道教的寺庙宫观及房产为社会所有，或者当地佛教协会、道教协会所有。所谓"社会所有"，可以解释为"社会公有"，也可以解释为"国家所有"，具体归属界定不清楚，法律关系不明确。一些历史原因造成的遗留问题使得产权关系更加复杂。

2. 宗教团体承担文保费用有较大共识，文保专项经费管理尚有不足

宗教团体使用列为文物保护单位的寺庙、道观开展宗教活动，从社会大众、信众征得数额可观的布施和收入。调查显示，有 78.5% 的受访者认为"使用寺庙的宗教团体必须对寺庙的管理负责任，应该拿出一部分用于文物保管、建筑维修、环境保护"，而认为"宗教团体的布施收入应该用于发展宗教事务，寺庙管理所需费用应该由国家负责"的比例为 3.3%，另外有 10.9% 的受访者表示"应该就具体执行办法做详细的考核，向社会公示、征求各方意见后实施"。可见，宗教团体使用文物保护单位取得收入，将其用于文物的保护修缮是合乎公众的期望的。

从地区来看，不同城市的受访者都一致认为使用寺庙的宗教团体应该对寺庙的管理负责人，承担文物保护、修缮的费用。从宗教教职人员深访的结果来看，宗教团体倾向于使用自筹经费维修寺庙道观，认为文物保护专项资金的监管要求可能会干涉寺务。

对走访的寺庙道观进行归纳分析，可知寺庙道观的文物保护修缮费用存在以下不足：一是资金不足，拨付不及时。二是寺庙道观账目不清，很难实现专款专用。三是目前法律法规没有明文规定寺庙用于保护文物的金额和比例。四是不同寺庙道观的收入相差较大，难以统筹。

3. 公众对寺庙道观违法处理各执一词

本项目设置了一个情景："如果宗教团体开展的宗教活动，对寺庙的建筑造成了部分损坏。"以此调查公众对这种法人违法事件的处理态度。

调查显示，有34.9%的受访者认为"为了保护寺庙，应该责令宗教团体退出寺庙，国家应该收回寺庙的使用权"，有30%的受访者则表示"虽然佛教活动对寺庙有影响，但是应该加强管理，不应该直接收回宗教团体的使用权"。此外，还有6.3%的受访者不以为然，认为"宗教活动肯定会对原有建筑造成一定的损坏、磨损，没什么，宗教团体可以继续使用寺庙"。由此可见，公众认为国家对列为文物保护单位的寺庙道观有管理权，文物保护单位是全民所有，国家有权利和义务督查宗教团体在使用寺庙道观时，承担保护寺庙道观的责任。

不同城市公众对该问题的处理方式有不同的处理态度。北京的受访者对直接回收寺庙的使用权（48.5%）的比例高于选择"虽然对寺庙有影响，应加强管理，不应该直接收回使用权"（21.1%）的比例，武汉、长春、青岛等地受访者的态度相似。而上海受访者的态度有所不同，更加强调加强管理（40%），而不是直接回收使用权（34.1%），成都、青阳等地的受访者的态度类似。

从不同年龄段的公众态度来看，主张"为了保护寺庙，国家应该收回寺庙的使用权"的选择比例在年龄分布上呈倒"V"型，而主张"虽然对寺庙有影响，应加强管理，不应该直接收回使用权"的选择比例在年龄分布上则呈"V"型，中年人（45～54岁）群体的态度相对更为强硬，有39.6%的受访者支持直接回收使用权，支持加强管理的选择比例仅为17.8%。

宗教信仰倾向对公众在寺庙遭受宗教团体破坏后所持的处理态度有明显影响。有宗教信仰倾向的公众倾向采取柔和的处理方式，有36.7%的受访者认为"虽然对寺庙有影响，应加强管理，不应该直接收回使用权"，明显高于"为了保护寺庙，国家应该收回寺庙的使用权"（29.9%）。没有宗教信仰倾向的公众则更加强调采取相对强硬的态度，有36.4%的受访者表示"为了保护寺庙，国家应该收回寺庙的使用权"，明显高于"虽然对寺庙有影响，应加强管理，不应该直接收回使用权"（27.9%）的选择比例。

综合来看，宗教团体开展宗教活动对列为文物保护单位的寺庙道观造成破坏，不同地区、年龄层次、宗教信仰倾向的公众对此类事件采取的态度存在较大的差异，因此在制定相关的处理办法时需要充分考虑不同群体存在的差异性，设计出更好的政策，在不同的利益群体中取得平衡，以取得更广泛的支持，确保政策能够落到实处。

（三）我国文物保护的执法

1. 文物违法犯罪事件屡禁不止，公众对文物违法倾向于从严执法

文化部部长蔡武在2013年6月4日全国文物安全工作部际联席会议第三次会议上指出，法人违法案件屡禁不止和田野文物屡遭盗窃盗掘是威胁文物安全的两大重要因素。调查公众对文物执法的态度有利于制定更契合实际的执法制度。

本研究设定一个情景："某大型房地产公司要在某文物保护单位建筑附近建一个文化产业园，建成当地的旅游景点，在施工过程中对该文保建筑造成了一定的破坏，导致该建筑周边墙体被破坏，最终文物部门对该地产公司处以十万元罚款。"以此来调查公众对因商业开发而破坏文物处罚力度的态度。

调查显示，公众对文物保护倾向于从严执法，杜绝此类破坏现象的发生。有30.2%的公众认为"十万元的罚款太轻了，建筑公司负责人就应该坐牢"，而"建文化产业园也是好事，有一点牺牲也正常"的提及率仅为4.6%。

此外，有27.4%的公众认为"在施工之前文物部门就应该预测施工可能造成的影响，尽量避免这种破坏的发生"。通过强化预防和综合治理，实现文物安全防范关口前移，从源头采取有效措施更能起到保护文物的作用。

2. 近四成公众认可我国文物执法效果，但仍需进一步加强

文物安全是文物工作的基础和生命线，关系到文物事业繁荣发展的全局。确保文物安全，核心是建立预警监督系统，采取事前防范，而文物执法是保

障，通过执法督察和打击犯罪，多管齐下、综合治理，构建文物安全长效机制。

调查显示，38.9%的公众对我国的文物执法效果表示满意。然而，仍有超过三成的受访者对执法效果表示不满意，其中有24.1%的公众明确表示我国的文物执法不太好，而表示很差的比例为6.5%。可见，我国的文物执法效果还有待进一步提升。

我国处于文物安全事故多发期，文物安全执法压力大，文物保护的属地管理使得文物执法的环境具有多变性，而多部门参与监督管理加剧了文物执法的复杂性和严峻性。保护祖国珍贵文化遗产是一项跨部门、跨行业的社会性系统工程，需要加强统筹协调，加强协作、密切配合，依靠各部门各单位乃至全社会的力量，形成强大合力，才能保护好文物遗产。

不同学历层次和个人月收入水平的公众对我国文物执法效果评价具有明显的差异，其趋势与对我国文物保护效果评价较为一致。学历层次较高、个人月收入水平较高的公众对我国文物执法的要求更高，对执法效果的评价相对较低。

结合文物保护效果评价和文物执法效果来看，文物执法与文物保护存在明显的相关性，文物保护需要依赖卓有成效的文物执法给予保障。因此，加强我国文物执法效果是保障文物安全的关键举措。

三　主要结论与工作建议

（一）调查主要结论

1. 文物保护工作效果初显，但文物执法工作还需进一步加强

文物是民族的象征、国家的标志，是历史信息的载体，蕴涵着当时社会政治、经济、文化、习俗等各个方面的信息，具有博大精深的文化内涵和极其重要的历史、艺术和科学价值。

党中央、国务院领导历来高度重视文物安全工作。2009年，国家文物局增设了督察司，专门负责文物执法督察与安全工作，并将文物安全列入关乎文化遗产事业全局的基础工作常抓不懈。近年来，文物管理部门不断改善文

物安全条件，加大打击文物犯罪和执法力度，文物执法督察与安全工作不断深入。另外，中央十部委发文《关于处理涉及佛教寺庙、道教宫观管理有关问题的意见》，针对当前出现的佛教、道教寺庙道观"被承包经营"、"被上市"的现象进行了有效的打击，宗教教职人员对其效果表示了高度的认可。

当前我国的文物正处于极易遭受破坏的高危险期，文物保护现状不容乐观。本次调查显示，有18.6%的受访者明确表示，在近两年来，所居住城市有发生过因城市建设或商业开发而破坏文物保护单位的现象。文物违法事件层出不穷，公众面对文物违法所采取的行动直接影响到文物保护的效果。调查显示，超过两成的受访者面对文物违法没有采取行动，其中有19.2%的受访者表示"觉得有责任阻止，但没有采取行动"，还有5.2%的公众认为"与我无关，会有人解决的"。可见，公众对文物违法的主动性不足。

保护文物是国家和社会的重要责任，需要坚持政府主导、社会支持、公众参与的原则。因此，有必要动员全社会的力量共同保护文物遗产。值得注意的是，培育公众参与文物保护是一个长期的过程，非一朝一夕之功。在当前的情形下，文物行政保护仍然是文物保护的主体，需要进一步加强文物监管和执法工作。

总体而言，公众对我国的文物保护效果评价的总体均值得分为61.5分（满分100分），总体效果有待提升。有近三成公众对我国的文物保护效果明确表示不满意，其中有22%的受访者认为我国的文物保护效果不太好，表示效果很差的比例为4.9%，文物保护工作仍有较大不足，需要进一步加强文物执法工作。

2. 公众呼吁加大文物执法力度，加强对文保单位的保护管理

随着我国工业化、现代化、城市化进程的加快，文物保护单位及其生存环境面临着全新的情况，文保单位保护工作的重要性、紧迫性更加突出。在城市建设与文物保护之间的矛盾中，有42.6%的受访者表示"文化遗产保护比经济发展、城市建设重要得多，即使是建设保障房这样的民生工程也不如文物保护重要"。另外，有29.6%的受访者认为"城市发展与文物保护是不矛盾的，应该能够处理好相互之间的关系"。

由此可见，大部分公众在城市建设和文物保护的矛盾中倾向于重视文物保护，文物的有效保护离不开文物执法工作，调查公众对文物保护和文物执法的态度有助于制定出更契合实际的管理制度。

公众对文物违法倾向于从严执法，更加希望通过加大文物犯罪严打力度，形成强大的震慑力，确保文物安全。本研究设定了一个情景："某大型房地产公司要建一个文化产业园，在施工过程中对附近的文物保护单位建筑造成了一定的破坏，最终文物部门对该地产公司处以十万元罚款。"对此调查显示，有 30.2% 的公众认为"十万元的罚款太轻了，建筑公司负责人就应该坐牢"，而"建文化产业园也是好事，有一点牺牲也正常"的提及率仅为 4.6%。

另外，公众对加强寺庙道观的违法行为态度坚决。当宗教团体在使用寺庙道观对文物造成损坏时，有 34.9% 的受访者认为"为了保护寺庙，应该责令宗教团体退出寺庙，国家应该收回寺庙的使用权"，有 30% 的受访者则表示"虽然佛教活动对寺庙有影响，但是应该加强管理，不应该直接收回宗教团体的使用权"。其中，没有宗教信仰倾向的公众更主张直接回收宗教团体的寺庙道观使用权，而有宗教信仰倾向的公众则相对认可加强管理。

寺庙道观使用方承担文物保护责任也得到了不同群体的认可。有 78.5% 的受访者认为"使用寺庙的宗教团体必须对寺庙的管理负责任，应该拿出一部分用于文物保管、建筑维修、环境保护"。从深度访谈来看，宗教教职人员也认为使用寺庙道观的宗教团体应该负责寺庙道观的安全保卫工作，承担文物保护的费用。

3. 宗教场所利用公益性不足，商业性开发利用不被公众接受

如何协调好文物利用和保护之间的关系是文物工作的重要议题。国有文物属于公共所有、公共投入、公共受益，文物的特点和价值决定了文物工作的性质和文物的使用定位。

公众对文保单位利用的态度相对开放，完全公共目的需求相对突出。有 65.8% 的公众认为文保单位作为公共游览参观的场所比较合理，其次是博物馆（49.8%），作为宗教活动场所（32.3%）和学习娱乐会所（30.6%）的提及比例也超过三成。

然而，我国的文物利用现状不容乐观，不足两成（18.5%）公众认为我国的文物利用适度。过度利用和利用不足的态度相当，有 19.1% 的公众认为我国的文物利用过多，其中有 13.7% 的公众表示利用太多、缺乏监督。而认为利用不足的有 19.6% 的比例，说明我国的文物工作共同存在过度利用和利用不足的问题，造成这种问题的主要原因是规划不足和监督不到位。

从走访的寺庙道观来看，作为文物保护单位的宗教场所，利用形式多样，主要有日常宗教生活、宗教节日、宗教学术教育、机构办公、经营性佛事服务和公共文化服务等六种类型。在利用文物保护单位存在一定的不足，主要体现在信教公民可参与的完全公共用途比例低，到寺庙烧头香、做法事等行为存在过度商业性倾向，寺庙道观的利用缺乏科学规划，利用强度过于随意，文物部门监管困难等方面。对全国随机抽取 22 个样本寺庙、道观进行拦截访问，有 19.3% 的受访者表示曾遇到过宗教场所内存在扰乱宗教秩序，侵犯消费者合法权益的行为，其中经常遇到过的比例为 4.7%，这种现象造成了恶劣的影响。

寺庙被承包、寺庙被上市等乱象也引起了社会的广泛关注。对潭柘寺、戒台寺的上市问题征询公众的态度，公众坚决抵制作为文保单位的寺庙道观上市经营。有 43% 的受访者认为"有关部门应该依照文物法的规定，收回京西风光旅游开发有限公司的经营权"，而表示"潭柘寺、戒台寺二寺上市在先，文物法的相关规定出台在后，应该保有京西风光旅游开发有限公司的经营权"的比例仅为 9.2%。宗教教职人员对商业活动持抵制态度居多，认为宗教活动场所开展商业经营活动是对宗教的极大侵扰，严重伤害宗教信众感情。

综上所述，将列为文物保护单位的宗教活动场所开辟为商业经营场所，一方面是违反了文物保护的相关法律规定；另一方面与宗教事务教义相违背，扰乱了正常的宗教事务管理秩序，客观上也反映了我国信仰供应的短缺性。

4. 宗教场所监管有局限性，文保单位开辟为宗教场所需谨慎

对于已经开辟为公共参观游览场所的寺庙道观是否需要恢复这些寺庙道观的宗教活动，社会各界存在争议。宗教教职人员对恢复寺庙道观作为宗教活动场所的愿望非常强烈，他们认为现有的宗教场所不能满足宗教信众的需要，寺庙道观原本归宗教团体所有，开辟为宗教活动场所是落实宗教政策的体现。

然而，管理局限性是影响公众对恢复寺庙道观宗教活动态度的重要因素之一。宗教团体使用寺庙道观可能存在改扩建、损坏文物、文物修缮不当等管理保护的问题。

在不考虑寺庙道观可能存在的管理问题前，有 38.6% 的受访者认为"寺

庙道观本来就是宗教场所，开展宗教活动无可厚非，应该批准宗教团体使用"。持相反观点的受访者有 29.2% 的比例，他们认为"寺庙是国有文物保护单位，属于国有财产，开辟为宗教活动场所容易造成国有资产流失"。

在提及管理问题之后，持反对批准宗教团体使用寺庙道观态度的提及比例从 29.2% 变成 40.7%，而持批准态度的提及比例从 38.6% 下降为 28.6%。然而，有宗教倾向的公众持批准开放为宗教活动场所的支持比例由 44.8% 下降为 39.5%，但仍高于持不批准态度的比例（32.4%）。有 31.7% 的受访者表示应该避免一切文物保护单位被破坏的可能性。

综上所述，宗教团体在使用文物时本身具有一定的局限性。属地管理、宗教活动的自由性和独立性要求、所有权的复杂性使得文物管理部门难以深入介入寺庙道观的管理，法律的不健全和多部门的参与管理加剧寺庙道观保护利用监管的困难性。因此，在将文物保护单位开辟为宗教活动场所时应持谨慎态度。

（二）相关工作建议

1. 多方协商，健全宗教场所文保单位的法律制度

我国文物部门坚持不懈推动文物保护单位的法制建设，持续修订《中华人民共和国文物保护法》和《中华人民共和国文物保护法实施细则》。但是文物保护单位在面对城市建设、生活改善、旅游发展的压力下退避让路成为许多不可移动文化遗产生命被迫终止的常态，而这些现象的背后体现的是保护制度施行的环境、体制、资金、程序和监管等方面存在诸多困境与障碍。

宗教活动场所的特殊性和敏感性则更加彰显文物保护单位法律制度的局限性，以至于束手无策。宗教活动场所的产权纠葛不清，宗教活动开展的自由权，文物保护的属地管理增加了文物管理部门对宗教活动场所监管的困难。

无论是《中华人民共和国文物保护法》还是《宗教事务条例》对寺庙、道观类的文物保护单位均没有明确地进行规定。健全宗教场所文保单位法律制度势在必行，需要文物部门、宗教部门、旅游部门、城建部门、宗教团体、普通公众、宗教信众等不同的利益相关群体进行多方协商，对管理主体、管

理方法、管理权限、资金来源、监管方法等方面进行明确地规定。

2. 试点先行，建立文保单位管理使用主体的进退机制

近年来，一些宗教团体不断呼吁，将已经作为公共参与游览场所的寺庙道观恢复为宗教活动场所。然而，在法律制度不健全的情况下，宗教团体在使用文物保护单位存在诸多管理的局限性，文物的保护和有序利用得不到应有的保障。

因此应该建立宗教团体使用文物保护单位开展宗教活动的准入和退出机制。在引入宗教团体前，需要对宗教团体使用文物保护单位开展宗教活动的方案和资质进行评估，要求宗教团体明确保护和修缮的职责，当宗教团体不能或无力保护其正在使用的文物时，应将国家文物交还给国家，退出该宗教文物场所，国家可以把这个文物场所收回来进行维修保护，维修之后作为博物馆、文化景点，供公众游览参观。

文物部门可通过试点，以第三方评估的方式，对宗教活动的文物保护现状和保护能力进行全面审查评估，建立文保单位管理使用主体的准入和退出机制。

3. 加强规划，完善宗教场所文保单位的公共文化服务功能

文物是蕴涵着历史性和文化性的存在实体，具有良好的文化利用开发的价值，有效的开发能够使得文物产生巨大的社会、经济效应，并能够促进文物的保护。同时，文物的稀缺性和脆弱性，使得文物的利用开发具有破坏文物的高风险性。因此，应审慎处理好文物保护和利用的关系。

列为文物保护单位的宗教场所在公共文化服务利用上还存在不足，缺乏统一的规划和监督，面对社会公众的文化服务功能尚未有效开发，而某些寺庙、道观存在商业性开发的倾向。

因此，在文物保护单位管理使用主体的准入和退出机制中需要对开展公共文化服务的形式和力度进行明确地规定，进一步规范寺庙道观的门票和香花券等收费项目，推进公众享受基础性公共文化服务的权力，引导宗教团体加大公共文化服务的投入，创新文化服务形式，有序完善文物保护单位文物利用的文化性和公益性，加大文化传承效果。

4. 加强监管，构建完善的文物保护单位安全防范体系

文物是独一无二的，不可再生、不可替代的珍稀文化资源，文物的损坏

是不可逆转的。因此，国家需要加强宣传教育，在全社会形成保护文物的普遍价值共识，坚持群防群治，使更多人参与打击犯罪。

互联网、移动终端等新兴传媒不断崛起，发挥着越来越重要的作用。文物管理部门应该在进一步发挥传统媒介宣传作用的同时，探索有效的新兴媒体传播形式，对文物使用群体进行宣传教育。另外，创新宣传形式，增加宣传的趣味性，加大传播力度，利用网络平台，尤其是微博、微信这类新兴手段，向公众及时公布文保单位领域重大事件和热点事件，让公众及时获悉文保单位的最新动态。

要充分利用广大文物爱好者的积极性，建立民间的文物保护单位志愿服务队伍，培育社会团体，与学校、社区、企业等机构形成合作关系，构建文物保护单位的安全防范体系。

关于水下文化遗产保护工作现状的调研报告

国家文物局文物保护与考古司
国家文物局水下文化遗产保护中心

内容摘要：近年来，我国水下文化遗产保护工作取得了一系列成绩，重大水下考古调查、发掘项目成效显著，第一艘考古研究船即将交付使用，机构建设取得突破，队伍建设不断加强，社会影响力日益扩大。同时，当前水下文化遗产保护工作面临着制度法规不健全、基础工作薄弱、经费投入结构有待调整、水下文物安全形势严峻等问题。报告建议：（一）贯彻国家海洋战略，进一步健全完善水下文化遗产保护体制机制问题；（二）加强事业发展宏观规划，推进水下文化遗产保护基础工作；（三）充分发挥国家主导作用，扎实推进水下文化遗产保护重点项目；（四）加强多部门联动，有效改善水下文化遗产保护安全形势；（五）加强国际合作交流，在文化领域树立我海洋大国和文化遗产大国形象。

我国拥有1.8万多公里的海岸线、300万平方公里的辽阔海域和丰富的内陆水域，水下文化遗产数量巨大、种类多样。它们不仅是国家珍贵的海洋资源，也是历史文化遗产的重要组成部分，更是弘扬和传承中华优秀文化的重要载体，在当前海洋强国和文化强国建设进程中发挥着不可或缺的作用。保护好、研究好、利用好水下文物，深入挖掘其历史、艺术和科学价值，是建设海洋文化、弘扬中华民族优秀文化传统、保证国家文化安全和国家利益的客观需要。

党和国家一直高度关注水下考古和文物保护工作，多次做出重要批示。为深入贯彻落实党和国家领导人相关批示精神，进一步推动我国水下文化遗产保护工作，切实解决事业发展中的瓶颈问题，遵照蔡武部长指示，2013年下半年，国家文物局组成调研组，率领国家文物局水下文化遗产保护中心（以下简称"水下中心"）深入广东、海南、浙江、福建、山东、天津、辽宁等地及国家博物馆、国家海洋博物馆（筹建处）、国家海洋局北海分局、国家海洋局第三研究所等单位，对当前我国水下文化遗产保护工作进行了调研。现报告如下。

一　基本情况

1987 年 2 月，国务院批准成立了由国家文物局牵头，外交、科技、交通、海洋等部门组成的"国家水下考古工作协调小组"，统筹协调全国水下考古工作，并在中国历史博物馆设立了水下考古研究室。1989 年，国务院颁布了《中华人民共和国水下文物保护管理条例》，初步构建起我国水下文化遗产保护管理体系。

考虑到水下考古工作开展初期，工作性质比较单一，业务量较少，国家文物局在专门的常设机构未建立之前，于 1987 年 3 月指定中国历史博物馆（国家博物馆前身）考古部暂时负责全国水下考古的科研工作。

随着水下文化遗产保护事业的发展，工作量日益增多，人员缺乏的问题日益突出。据统计，2013 年国内组织开展了 11 项水下考古调查项目，共发现和确认水下文物点 19 处，累计工作时间 203 天、参加人数 148 人、潜水 710 人次、扫测面积 96 平方公里。

为切实解决机构建设和行业管理方面的瓶颈问题，2009 年，文化部、国家文物局对水下文化遗产保护工作进行了重大调整，依托中国文化遗产研究院成立了国家水下文化遗产保护中心，形成我国水下文化遗产保护工作的新格局。在文化部、国家文物局的组织领导下，我国水下文化遗产工作对象已经由沉船及船载文物，扩展到海上丝绸之路、沿海海防和海战遗迹、古港口、造船厂、沿海盐业遗址等多种类型；工作内容从单纯的水下考古，扩展到出水文物保护、巡查监护、执法管理、学术科研等多个领域，广泛吸纳了考古学、海洋学、生物学、环境学、工程力学、测绘与遥感学等多门学科的方法与技术，成为展现国家综合国力和科技实力的重要窗口，也成为文博事业在新时期的亮点之一。

2011 年，《国家文物博物馆事业十二五发展规划》明确了"国家主导、地方参与"的水下文化遗产保护跨越式发展战略；2012 年，中央编办批准同意中国文化遗产研究院加挂"国家文物局水下文化遗产保护中心"牌子，赋予其统筹协调全国水下文化遗产保护工作的职能，再次强化了水下文化遗产工作的国家主导地位；2013 年初公布的《国家海洋事业发展"十二五"规划》首次从国家层面提出编制海洋文化遗产保护规划的任务，并将加强海洋文化遗产研究和调查、实施西沙水下文物重点保护工程、加强各级水下文物保护区建设等内容纳入规划中。党的十八大报告提出要"提高海洋资源开发能力，发展海洋经济，保护海洋生态环境，坚决维护国家海洋权益，建设海洋强国"，对加快水下文化遗产事业发展提出了新的要求。

目前，在水下文化遗产资源调查方面已初步确认沉船遗址 70 余处，掌握水下文物点近 200 处。其中，海南省北礁沉船遗址、华光礁沉船遗址及甘泉岛遗址等三处水下文化遗产被公布为全国重点文物保护单位。在专业机构方面，"国家文物局水下文化遗产保护中心"先后设立了国家水下文化遗产保护宁波、青岛、武汉、福建等四个地方基地，并正在筹建南海基地和西沙考古工作站。此外，国家博物馆还保留着水下考古科研的职能，多个沿海省、市已建立或正在筹建有关水下考古的专业机构，并新成立了广东阳江海上丝绸之路博物馆、重庆白鹤梁水下博物馆等专业博物馆。在人员培养方面，已举办六届"水下考古培训班"，共计培训水下考古专业人员 101 人；举办两届"出水文物保护培训班"，培养出水文物保护专业人员 40 余人，已经拥有了一支专业化、科技化、高素质的人才队伍。在水下考古技术与装备方面，旁侧声呐、浅地层剖面仪、实时差分定位系统、多波束声呐、超短基线定位系统和水下机器人等技术设备已经推广使用。我国水下文化遗产保护事业正面临着发展的机遇期，处于亚洲领先地位，并引起了国际社会的广泛关注。

二　工作成效

我国水下文化遗产保护事业经过近 20 多年的发展，已经初步形成了国家主导、地方参与、统一组织、部门协调的工作模式，取得了令人瞩目的成绩。

（一）从理顺管理体制入手，逐步构建起水下文化遗产保护整体布局

2012 年 6 月，国家文物局水下文化遗产保护中心正式成立，标志着长期困扰事业发展的机构难题有了重要突破。新成立的水下中心不仅是水下文化遗产保护专业机构，也是全国水下文化遗产保护工作的总平台和主阵地。同时，国家文物局水下文化遗产保护南海基地、北海基地、西沙工作站建设工作正有序推动。其中，西沙工作站将于 2014 年开工建设，国家文物局水下文化遗产保护北海基地筹建工作正积极推进。水下中心先后在青岛、宁波、武汉、福建分别设立了基地，充分发挥其地缘优势和区域辐射作用，初步确立了我国水下文化遗产保护的整体布局。

（二）加强部门协作和沟通，整合水下文化遗产保护资源和力量，加大执法巡查和打击力度

积极争取财政部支持，加大中央财政对水下文化遗产保护经费的投入力度。2011～2013 年，中央财经累计安排水下考古调查发挥专项经费 1.3 亿元，有力确保了相关工作的顺利进行。2010 年，国家文物局与国家海洋局签署"关于合作开展水下文化遗产保护工作的框架协议"，双方将共同做好水下文化遗产保护战略与规划、水下考古、海洋文化建设等 8 个方面工作，共同推进我国水下文化遗产保护事业和海洋事业的发展。2011 年，国家文物局、国家海洋局联合印发了《关于加强我国管辖海域内文化遗产联合执法工作的通知》，建立起文物、海监部门联合执法工作机制。同时，国家文物局加强了与公安边防的合作，与公安部形成部际联席会议机制。公安部、国家文物局和中国海监总队、国家水下文化遗产保护中心联合开展了"打击盗掘海域水下文化遗产专项调研"，掌握了盗掘盗捞水下文物犯罪特点与存在的主要问题，并在 2012 年组织开展了南海重点海域的专项执法和巡查工作。

（三）扎实推进各项基础工作，逐步摸清我国水下文化遗产家底

国家文物局一直将水下文物调查作为一项重要的基础工作，在海南、福建、广东等省有组织开展水下文物调查和重点海域的专项调查工作。2009～

2010 年，结合第三次全国文物普查，国家文物局组织开展 11 个沿海省市和南海诸岛海域，以及部分内水水域的水下文物普查工作，进一步摸清我国水下文化遗产家底。编制完成《"十二五"国家水下文化遗产保护规划纲要》，明确今后五年我国水下文化遗产保护工作的主要目标和任务，推动我国水下文化遗产保护事业实现跨越式发展。进一步加强水下文化遗产的"四有"工作，组织编制北礁沉船遗址和甘泉岛遗址保护规划，统筹考虑水下文化遗产的保护、研究、展示与利用工作。

（四）着力做好国家重点项目，创新水下文化遗产保护理念

"南海 I 号"的整体打捞和"南澳 I 号"的水下发掘工作，受到国内外社会的广泛关注，是近年来我国考古领域的标志性成果。2013 年 5～6 月，水下中心组织实施"南沙群岛海域水下文化遗产调查"，填补了我国水下文化遗产调查的空白，在我国水下文化遗产保护工作的一次重要突破，调查成果为南海维权提供了更多法理和历史依据，在宣示国家主权、捍卫我文化安全方面具有重要意义。结合三峡库区文物保护工作，国家组织开展了白鹤梁石刻保护和水下博物馆建设项目，建立了我国第一座水下遗址博物馆，被联合国教科文"2001 水下文化遗产保护公约组织"确认为国际水下文化遗产保护的经典案例。

（五）设计建造考古工作船，依靠科技进步提升水下文化遗产保护工作水平

在中央领导关注下，国家文物局组织开展了我国第一艘考古研究船的建造工作。2013 年 4 月 11 日，我国第一艘考古研究船正式开工建造，计划于 2014 年 7 月交付使用。考古工作船设计排水量为 930 吨，全长 56 米，型宽 10.8 米，型深 4.8 米，吃水 2.6 米，航速 12 节，以我国沿海海域为主要工作海域，可承担水下文化遗址的普查、专项调查及小型发掘工作，将大大提升我国水下文化遗产保护工作能力。2009 年，"南海 I 号"整体打捞及保护项目和涪陵白鹤梁题刻原址水下保护工程被评为全国文物保护科学和技术创新一等奖，体现出水下文化遗产保护工作与现代科技的紧密结合。

（六）注重强化全民的水下文化遗产保护意识，加大水下文化遗产保护宣教力度

随着近年来水下文化遗产事业的发展，水下考古的新成果、重要发现层出不穷，公众对水下文化遗产的认知和保护的热情日益增长。通过重视媒体力量、积极融入媒体宣传，适当引导媒体、创造与媒体的良性合作方式，文物部门进一步加强了水下文化遗产保护保护理念、法律制度、专业知识、工作过程等方面的科普宣传，充分尊重广大民众的知情权和参与权，强化民众的水下文化遗产保护意识。"南海Ⅰ号"专题纪录片的拍摄开辟了水下文化遗产展示方式的新方式，播出后引起了较大反响，收到了很好的社会效益。"南澳Ⅰ号"、"小白礁Ⅰ号"水下考古发掘工作多次在中央电视台现场直播，屡创收视佳绩。国家博物馆、浙江省博物馆、广东省博物馆、海南省博物馆成功举办了"中国国家博物馆水下考古成果展"、"大海的方向——华光礁Ⅰ号沉船特展"等一系列有关沉船考古、外销瓷和海上丝绸之路的展览，进一步拉近了民众与水下遗产之间的距离。

此外，我国一直积极支持联合国教科文组织通过《水下文化遗产保护公约》，并不断加强国际交流合作，先后实施了"中肯合作肯尼亚拉穆岛水下考古项目"、"中俄合作旅顺沉船水下考古调查项目"、与韩国、日本、柬埔寨、塞舌尔、澳大利亚、美国、意大利等国和港台地区的水下考古和文化遗产保护专业机构建立了广泛联系，扩大了国际影响力。

三 主要问题

我国的水下文化遗产保护工作存在的主要问题有以下几方面：

（一）制度法规不健全，管理机制不顺

现有的水下文化遗产法律仍不健全，缺乏有效监管措施，缺乏对各相关部门各级人民政府权利义务的规定，缺乏对涉海工程进行前期考古调查的规定。我国尚未批准加入联合国教科文组织《水下文化遗产保护公约》，未能融入国际水下文化遗产保护工作体系。同时，水下工作基地、项目、经费等管

理机制有待进一步理顺，全国一盘棋的整体优势发挥不够充分。

（二）基础工作薄弱，科技创新不足

专业人员缺乏，专业机构数量不多，机构设置不够全面；水下文化遗产资源家底仍有待进一步摸清，相应的保护措施仍需加强；现有专业水下文化遗产保护与管理机构和专门执法力量，远远不能满足水下文化遗产保护日益增长的需求；水下文化遗产的基础研究和技术体系，与我国水下文化遗产大国的地位极不相称。

（三）经费投入结构有待调整，装备水平偏低

水下文化遗产保护工作对投入资金需求量较大，但是作为全国水下考古总平台和主阵地的国家文物局水下文化遗产保护中心，其部门预算却只有区区几百万，仅能满足一般办公需求。而通过转移支付渠道拨付地方或国家博物馆的水下考古项目资金一则数量有限，二则容易发生科学、规范管理使用上的一些问题，直接影响到国家主导水下考古工作的绩效。同时，由于资金投入总量不足而导致水下工作设备、设施的配置有限，也不利于我国水下文化遗产保护行业整体发展水平的提高。

（四）破坏、盗捞走私水下文物猖獗，安全形势严峻

目前水下盗掘活动十分猖獗，我们此次调查发现南沙群岛海域浅水区的水下遗存几乎全部遭到人为破坏，水下文物安全形势异常严峻，迫切需要进一步加大立法和执法力度，确保水下文物安全。与此同时，随着海洋经济高速发展，一些地方和单位在海域使用与建设工程中忽视水下文化遗产保护工作，严重威胁了海洋水下文化遗产的安全。

四　对策建议

根据国家海洋战略的总体部署和《"十二五"国家水下文化遗产保护规划纲要》的要求，结合我国水下文化遗产保护工作实际，提出以下建议：

（一）贯彻国家海洋战略，整合国内水下考古力量，建立起统一高效的水下文化遗产保护体制机制

水下文化遗产事关国家主权和海洋权益，具有比其他类型遗产更为鲜明的国家属性和国际关联性，必须放在国家战略层面统一筹划。

一是在加快全面贯彻国家海洋战略的新形势下，建议尽快召开国家水下文化遗产保护工作协调小组会议，研究解决水下文化遗产保护工作中带有全局性的重大问题，并使其工作机制常态化，逐步完善我国的文化遗产保护协调机制。

二是加强机构建设，完善水下文化遗产保护工作的管理和专业体系。国家文物局在文物保护司设水下考古处，加强对全国水下考古的统筹协调、行业规划、行政审批等工作；充分发挥水下中心的"总平台"、"主阵地"作用，加快其独立建制的步伐，并在财政预算、基地建设、人才引进等方面给予特别支持和保障，特殊情况可考虑特事特办；将国家博物馆水下考古研究室的人员和工作经费尽快归并到水下中心，盘活这部分资源，使其在水下考古、调查方面的作用得以真正发挥。

三是统筹考虑水下文化遗产保护基地设置，在黄渤海、东海、南海等片区分别建设国家级基地，作为水下中心的派出机构发挥区域辐射和带动作用，使我国水下文化遗产保护专业队伍在数量和能力建设上有所突破，形成合理的事业发展布局。

四是加快《水下文物保护管理条例》和《文物保护法》修订工作，明确水下文化遗产的法律地位及水下文化遗产的范围、保护要求、各地各部门的权利义务，以及违法犯罪活动的法律责任，陆续出台与法律法规相适应的规范、标准、文件，建立具有中国特色的水下文化遗产保护法律体系等。

（二）充分发挥水下中心的主导作用，扎实推进水下文化遗产保护重点项目

一是积极开展"南海Ⅰ号"、"南澳Ⅰ号"等重要古船的水下考古发掘和文物保护、沿海重点海域水下文物专项调查、"海上丝绸之路"研究和申报世界遗产等一批具有全局意义和战略意义的国家重点保护项目和综合性课题。

二是在南海局势日益复杂的情况下，建议在《国家水下文化遗产保护中

长期规划纲要》的基础上，专门编制《南海文化遗产保护规划》，将"南海水下文化遗产保护工程"作为国家重大文化工程尽快实施。

三是加强项目储备，特别是凝练一批可以在"十三五"期间实施的重点项目，组织力量论证其可行性，并作必要的前期准备。将建造第二艘考古研究船提上议事日程，研究其可行性。

（三）加强事业发展宏观规划，推进水下文化遗产保护基础工作

一是由国家文物局水下文化遗产保护中心牵头，积极组织全面做好我国水下文化遗产普查工作，摸清家底；从南海开始，重点推进重要片区、重点海域的水下文化遗产重点调查、专项调查和保护规划工作；围绕国家海洋战略实施、海洋资源开发和水下文化遗产保护的需要，统筹涉海重大基础建设项目的水下文化遗产调查、发掘和保护工作。

二是进一步加大人才培养力度，通过举办多种形式的专业培训班、研修班，吸纳更多专业人员加入水下文化遗产保护队伍，建立合理的人才梯队，不断为事业发展注入新鲜血液。

三是尽快出台《水下考古工作规程》，逐步建构资质资格审核、项目审批、文物登录、日常监控和巡查、经费使用等方面在内的管理体系，加强优质项目储备意识，推进水下文化遗产保护工作的科学化、规范化。

（四）加强多部门联动，有效改善水下文化遗产保护安全形势

根据文物部门可以直接应用于水下文化遗产保护的资源、力量有限的实际情况，建议加强其与海洋、公安和海军等部门的合作，形成多层次、常态化的合作联动机制，充分发挥涉海部门在人员、经验、能力、设备、装备等方面的优势，有效改善水下文化遗产保护的安全形势。

一是国家文物局与国家海洋局签署了合作框架协议、与公安部建立了部际联席会制度，在我国水下文化遗产保护人才培训、联合执法等方面起了极大作用，建议海军等相关部门和单位也加入进来，完善协作联动机制。

二是由各级文物部门牵头，包括公安、边防、海军、海监等部门共同建立日常协调工作机构，形成定期分析、汇总和通报的信息共享制度，丰富合作内容，完善合作形式，规范合作行为。

三是由文物部门牵头，尽快会同海监等部门制定符合各地实际的联合执法工作方案，加强南海西沙群岛、南沙群岛等重点海域的文物执法保护工作。

（五）加强国际合作交流，树立我国海洋大国和文化遗产大国形象

一是在坚持以国内为主的前提下，对国际水下动态时刻保持关注，主动加强与韩国、澳大利亚、意大利、法国等国家及两岸三地的交流合作，积极参与联合国教科文组织和其他相关国际组织、社会团体的学术活动，了解国外水下文化遗产保护的最理念和技术方法，吸收国外先进经验，为我所用。同时，有针对性地加强对日本、韩国、菲律宾、越南等周边国家，尤其是南海周边国家的最新活动动态的监测和搜集，切实维护国家主权安全和文化安全。

二是加强对联合国《保护水下文化遗产公约》的相关研究，进一步探讨公约生效后将对我国水下文化遗产保护和海洋权益带来的影响，以及我国加入公约后将要面临的主要问题，为国家战略决策提供依据。

三是鼓励国内科研机构和高等院校积极保持与国外相关科研机构和学术组织的沟通和联系，推动在人员培训、学术科研、技术研发等方面的交流合作，培养一批在国际学术领域拥有发言权的专家学者，充分展示我国在文化遗产保护，特别是水下文化遗产保护方面的突出成就，树立我国文化遗产大国形象，增强我国在世界水下文化遗产保护领域的话语权。

关于馆藏文物保护修复工作量清单
计价规范的调研报告

国家文物局博物馆与社会文物司（科技司）

内容摘要： 为推进馆藏文物保护修复经费预算编制的科学化、标准化，国家文物局组织开展了馆藏文物保护修复工作量清单计价规范专题调研。报告对现行文物保护修复经费预算的问题和难点进行了系统分析，阐述了调研中对重大难点和分歧意见的处理方法，编制了《馆藏文物保护修复工作量清单计价规范》。该规范具有计价要素序列化、工作流程规范化、计价标的清单化、计价方法市场化、预算管理精细化的特点。

一　调研背景

我国是一个文明古国，中华民族在漫长的历史进程中，留下了种类繁多、数量丰富的文化遗产，随着时间流逝，这些年代久远的历史文化遗产，都经受着不同程度的人为破坏和自然损害。"全国馆藏文物腐蚀损失调查"项目结果显示，50.66%的可移动文物存在不同程度的腐蚀损害，亟须进行抢救和修复。

（一）现行文物保护修复经费预算存在的问题

目前，就文物保护修复工作总体而言，依然存在经费投入不足，文物保护基础条件薄弱，科技含量不高，保护技术手段滞后，管理工作不规范等诸多问题，其中文物保护修复经费预算管理问题十分突出，成为影响资金投入、提高管理水平的瓶颈问题，预算编制、执行的科学化、规范化势在必行。

一是长期以来，馆藏物珍贵文物保护在国家预算中只是重点文物保护项目的子项目，没有单独立项，文物保护修复经费管理相对滞后，影响财政经费投入和使用效率。按照现有投入水平，只能保证每年约 3000 件左右珍贵文物得到保护修复，而据估算每年由于环境等因素造成的新损毁文物就近 1.2 万件。

二是现行文物保护修复项目经费预算采用科研项目经费预算方法——固定预算编制方法应进行调整。一方面，因为保护修复具有很大的不确定性，从而决定其工作量和所消耗的费用具有不确定性。因此，很难在事前对保护修复项目的经费进行如同工业生产活动或建筑业生产那样的估算或预算。因此对于文物保护修复经费预算而言，更宜采取在一定区间值范围内的弹性预算编制法。

因此，积极开展文物保护修复经费预算管理研究，根据文物保护修复工作规律，研究制定《馆藏文物保护修复工作量清单计价规范》（以下简称《计价规范》）既十分重要，也十分必要。

（二）馆藏文物保护修复工作量清单计价的难点

基于文物具有唯一性，因此确定单位消耗标准是非常困难的，这是制定文物保护修复工作量清单计价的最大难点。基于文物的唯一性，文物属于不可再生的稀缺资源，决定了文物修复工作非标准化的特点。基于修复的差异性，任何一件文物，其修复的工艺、材料、环境、操作者水平是有差异的，实践中不存在标准化的修复过程。基于评价的主观性，对修复工作的评价取决于文物的价值评定、管理要求和评判者的主观认知，很难形成一个客观标准。因此，文物修复工作量的计算难以形成通用的规则，也难以制订单位消耗标准，需要根据文物修复工作的特点进行创新。

（三）《馆藏文物保护修复工作量清单计价规范》的特点

1. 计价要素序列化，提高预算编制科学化水平

从文物保护修复工作的内在规律出发，首先对影响文物保护修复计价的因素进行梳理和排序，按照不同要素对经费构成的影响权重排序。

——文物材质：文物是由一定的物质材料制作而成的文化遗物。材质不同，所需要的方法工艺、材料不同，是文物保护修复经费构成的首要影响因素。《计价规范》按照材质分类为馆藏书画（纸质文物）、竹木器漆、纺织品、石质文物、陶质彩绘文物、陶瓷器、青铜器、铁质文物、壁画九类。

——文物损毁程度：根据文物损毁状况、腐蚀程度，将修复文物分为濒危、重度、中度、轻度四个等级。

——修复工艺方法：不同工艺方法费用差异巨大，而工艺方法的取舍，则取决于文物损毁程度和管理要求。

——文物体量：指文物在空间上的体积，包括文物的长度、宽度、高度，体量过大或过小，都需要专用设备和材料，费用存在较大的不可预见性。

——文物价值：科学价值、历史价值、文化价值，从文物保护角度考虑，价值越大，保护修复要求越高，费用就高。

2. 工作流程规范化，有利于保护修复管理

以文物保护修复管理规范为依据，将文物修复工作分为六步，依次是价值评估、健康评测、修复方案制定、本体修复、修复保护效果评估检测、建立修复保护档案。原则上所有文物修复工作都应当按照此程序进行。

——价值评估：对文物的历史价值、艺术价值、科学价值进行调查、评估和认定。

——现状调查与病害评测：对文物的保存现状和损毁程度进行科学检测和评估，主要包括资料留取、病害分析、本体检测等工作。

——方案编制：确立具体保护材料、保护工艺，保护标准区建立、保护效果预评价。

——保护修复实施：为消除或减缓文物病害，以及恢复文物历史面貌，提高其耐久性所实施的技术措施。

——效果评估：对修复后的文物进行科学检测和评估。

——档案建立：包括编写修复报告、建立修复档案。

3. 计价标的清单化，提高预算编制可操作性

根据文物修复相关管理规定，确定计价的基准标的文物，针对计价基准文物的保护修复，规范细化保护修复工作，选择修复工艺方法和修复材料，形成计价标的清单作为工作量清单计价项目。《计价规范》中计价基础是基准计价文物，基准计价文物的确定主要依据文物的体量要素，不同文物种类其标准不同。

4. 计价方法市场化，提高社会资源配置能力

工作量清单项目以"项"为单位计价，计价采取综合单价法。价格基准水平的确定，以国家文物保护修复基地现行价格为依据，综合参照了各地非文物保护系统的市场价格制定。

5. 预算管理精细化，有利于提高资金使用绩效

同现行预算计价相比，文物保护修复工作流程清晰规范，计价标的清单化，计价方法市场化，使计价更为方便、清晰，既便于文物保护修复工作人员进行费用预算，也便于财务任务进行经费审核。

二 调研方法

（一）组建多学科研究团队

"馆藏文物保护修复工作量清单计价规范"研究基本还处于空白阶段，没有成熟经验可供借鉴，需要运用文物保护、工程学、管理学、经济学、会计学、财政学等相关领域知识进行综合分析，才可能达到初步效果。因此，在研究队伍组成上采取文物保护修复专家与经济管理专家相结合的办法联合攻关。组织经济专家团队，对我国文物保护修复的实际进行调研，了解文物保护修复经费预算编制过程，经费使用过程等情况，形成《规范》编制的基本思路与框架；召集文物保护修复各领域的专家组成文物保护修复专家团队，归纳总结文物修复的一般特征和规律，形成文物保护修复的一般流程；两个团队协同研究形成《规范》框架，根据历史数据和现行市场价格测算相关控制比例。

（二）科学制定研究内容

1. 文物保护修复管理现状调研

开展文物保护修复管理调研，重点了解文物保护修复经费管理现状，重点是文物修复经费预算管理和会计核算管理。根据实际需要，选择陕西、湖北、浙江、上海、北京等地的博物馆、文物保护修复中心、国家文物保护重点科研基地、考古研究院所等不同类型的文物保护修复机构进行重点调研。

2. 文物保护修复工作计价方法研究

文物保护修复工作具有修复对象非标准性、操作者差异性、评价标准差

异性等特点，传统的定额管理和现行的工程量清单计价管理均难以适应文物保护修复工作计价，因此必须另辟蹊径，建立适应文物保护修复工作特点的计价方法——分类分级计价法。以文物保护修复工作流程为横坐标，从一般工作流程入手，细化工作内容，规范操作流程，确定单一工作内容的市场定价方法；以文物分类分级管理为基础，以文物分级作为纵坐标，从文物分级管理要求确定不同级次的系数。

3. 文物保护修复工作流程规范

分析研究不同文物保护修复的工作流程和工艺方法，归纳总结文物保护修复的一般性流程。首先，根据文物材质将文物进行分类，按照材质分类为金属、石质、漆木器、陶瓷器、纺织品、纸张书画、壁画七类；其次，归纳总结文物修复的一般流程，即健康评测、修复方案制定、文物本体修复、修复保护效果检测、建立修复档案（包括编写修复报告）；再则，对文物本体修复流程进行细化，在细化的基础上，明确主要工艺流程以及使用设备、工具、主要材料等内容。

4. 文物保护修复会计科目设置

文物保护修复工作属于公益性基本公益服务，不能或不宜由市场配置资源，因此在文物保护修复会计科目设置上，应更多地借鉴科研项目科目设置方法。

5. 文物保护修复经费预算内控方法

由于流程分段和科目设置研究的局限，可采用历史数据确定。按照修复流程的分段比例控制和分科目的比例控制法。

（三）组织召开专家研讨会（略）

（四）统计分析历史数据

从文物保护修复经费管理的实际出发，确定文物保护修复经费的合理结构比例是强化管理的有效途径。从现有的文物保护修复管理理论来看，很难从理论上推算其数值，只能从实证分析中测算经验数据。为此，项目组从历史数据分析入手，研究文物分类分级修复费用比例关系，单一文物保护修复不同阶段费用的比例关系，在此基础上归纳、总结文物保护修复费用构成，为预算编制管理提供数据支持。具体分析方法：根据文物分类分级情况，由文物保护修复单位提供 9 类 36 种 1440 件文物保护修复费用构成数据；由项目组对数据进行统计分析，形成各类控制比例；文物保护修复专家与财务专家共同校正，最终汇总为样本文物基本信息统计表。

（五）开展检测收费市场调查

文物保护修复检测分为成分分析、结构分析、微观形貌和微区成分分析、表面分析、热分析共计 5 类，每类选择主要分析方法进行价格调查。同时考虑到不同地域的差异，选择全国不同地区的非文物保护机构的公开市场报价进行比较。

（六）广泛征求各省意见（略）

三　编制方法

文物修复活动不同于一般的商品生产和建筑工程，缺乏客观的标准，具体到计价工作，最大的难点是不存在标准化的消耗量定额。但从预算管理出发，其管理理念与全面成本管理理论是一致的。因此，借鉴工程量清单计价理念和方法，构建文物修复工作量清单计价方法是可行的。

（一）工作量清单编制方法

以文物分类为基础，以修复工作流程规范为主线，以成熟修复工艺方法为内容制作文物修复工作量清单。

（二）工作量清单项目编制

1. 分类

文物是由一定的物质材料制作而成的文化遗物。按照材质分类为馆藏书画（纸质文物）、竹木器漆、纺织品、石质文物、陶质彩绘文物、陶瓷器、青铜器、铁质文物、壁画九类。首先，按照材质将文物分类为金属、石质、漆木器、陶瓷器、纺织品、纸张书画、壁画七类。其次，按照文物价值将文物藏品分为珍贵文物和一般文物，珍贵文物又分为一、二、三级。第三，在文物分类分级的基础上，以文物保护修复工作流程为横坐标，从一般工作流程入手，细化工作内容，规范操作流程，确定单一工作内容的市场定价方法。以文物分级作为纵坐标，从文物分级管理要求确定不同级次的系数。依据现有分级管理规定，以一般文物作为文物保护修复计价的基础，不同级次间按比例浮动，实行系数管理。

2. 按修复流程，以成熟工艺方法为内容编制清单项目

文物修复工作量清单编制就是根据文物修复的相关管理规定，规范和细化修复工作流程，选择修复工艺方法和修复材料。

（三）工作量清单项目计价方法

工作量清单项目以"项"为单位计价，计价采取综合单价法。工作量清单项目计价主要考虑文物损毁程度、体量大小、工艺方法、文物价值等要素，采取综合单价法，计价基础是基准计价文物。根据影响文物修复费用的因素，将基准计价文物划分为濒危、重度、中度、轻度四类。不同类型文物基准计价文物确定标准分别为：

书画文物：画心尺寸范围为长1.35、宽0.33米。

木漆器基准件：尺寸为20厘米×15厘米×10厘米、文物等级为三级。对于体积小于3000立方厘米的器物一律按3000立方厘米计算。对于长度超过1.5米且宽度超过0.5米（或平面展开面积超过0.75平方米）的大型器物应单独编制预算。

纺织品文物：尺寸范围为通长1.5~2.0、通宽1.2~1.5米。超过10%以上为特大件，价位另算。

石质文物：以常规处理度中腐蚀、无彩绘、一般砂岩造像修复的40厘米×30厘米×50厘米工作量计算。

陶质彩绘文物：高54.8、最宽处22.5、最厚处13.1厘米，根据体积、彩绘面积、残破程度进行线形比例大小换算。

瓷器文物：尺寸范围为长度或高度0.3~0.6、宽度或直径0.2~0.4米。器物尺寸如果超过标准件尺寸20%，为大件或超大件，价格另行计算。器物尺寸低于标准件尺寸范围的为特小件，价位亦另算。

青铜器文物：基准件尺度在60厘米×50厘米×50厘米，超过10%以上为特大件，价位另算。尺寸低于 10 厘米×10 厘米×10 厘米为特小件，价位另算。

铁质文物：尺寸范围为长 0.8~1、宽度或直径 0.2~0.3、高度或直径 0.2~0.3 米。

馆藏壁画：按面积计价。

（四）文物修复经费预算控制价管理模式

文物保护修复经费预算实行按流程控制价、科目控制价管理模式。

四　重大难点、分歧意见的处理方法

（一）文物保护修复活动的基本属性

文物保护修复工作属于科研工作或是一项商品性技术服务工作，我们形成了如下共识：

1. 文物修复工作的科研属性

文物修复技术以我国古代的传统工艺和现代科学技术相结合，文物的修复与复制是一项技术性很强的工作，文物的类别不同，其修复方法也不同，修复人员要掌握各方面的知识，结合科学的保护措施灵活运用。因此，文物修复工作不是一项商品生产活动，也有别于科学研究工作。我们在修复任何一件文物时，都必须制定一个详细计划或方案，包括修复人员对文物年代的初步判断；对文物材质的采样、分析；对文物制作工艺、腐蚀机理和腐蚀程度的研究；具体修复方法和修复中应注意的问题等。

2. 文物修复工作的公益属性

理论上，文物修复属于公益性基本公共服务范畴，资源配置不宜市场化。文物修复经费应由政府财政资金负担，计价应满足政府财政资金预算管理的需要。在现行文物管理体制下，文物修复工作主体是事业单位，计价遵循事业单位财务制度，文物修复人员的工资应计入单位的基本支出，在项目支出中不予反映。但在实践中，由于文物管理责任的单位属性和文物修复工作的专业性以及文物修复人才的极度缺乏，文物修复工作中商品化的技术服务占有很大比例，使文物修复工作具有市场交易属性。因此，在文物修复计价中，如何处理这种关系是我们面临的重大挑战。

(二) 文物保护修复工作特点

文物保护修复工作的鲜明特征是什么？我们形成了如下共识：

1. 文物保护修复工作的非标准性

基于文物的唯一性，文物属于不可再生的稀缺资源，理论上不存在完全相同的文物，从而决定了文物修复工作非标准化的特点。基于修复的差异性，任何一件文物，其修复的工艺、材料、环境、操作者水平是有差异的，实践中不存在标准化的修复过程。基于基于评价的主观性，对修复工作的评价取决于文物的价值评定、管理要求和评判者的主观认知，很难形成一个客观的标准。因此，文物修复工作量的计算难以形成通用的规则，也难以制订单位消耗标准，需要根据文物修复工作的特点进行创新。

2. 文物修复工作的发展性

文物修复技术是历史文物修理、复原、保护的主要手段，它是自然科学和人文科学、基础理论研究与应用技术研究之间相互交叉作用脱颖而出的一门科学。旧式的文物修复多是依靠传统的手工，依靠工匠们自身的经验，修复的层次也不过停留在将文物拼凑黏结完整。近些年来，随着科技领域的介入，现代文物修复在以往主观经验的基础上更注重了科学的含金量。也就是在旧式文物修复的基础上，以现代科学技术为后盾，通过一定的技术手段将残破的文物复原起来，同时更注重文物修复以后的文保研究。运用一些保护性材料，延缓文物变质，延长文物生存时间。因此可以说，文物修复的理念、方法、技术等随着时代的发展而不断发展。

(三) 文物保护修复工作一般流程

文物保护修复工作非标准化工作，能否总结出一般工作流程？我们形成了如下共识：

不同文物保护修复工作差异性很大，但从规范管理的角度，可以分为六步，依次是价值评估、现状调查与病害评测、修复方案制定、本体修复、修复保护效果评估检测、建立修复保护档案。原则上所有文物修复工作都应当按照此程序进行。

——价值评估：对文物的历史价值、艺术价值、科学价值进行调查、评估和认定。

——现状调查与病害评测：对文物的保存现状和损毁程度进行科学检测和评估，主要包括资料留取、病害分析、本体检测等工作。

——修复方案制定：确立具体保护材料、保护工艺，保护标准区建立、保护效果预评价。

——文物本体修复：为消除或减缓文物病害，以及恢复文物历史面貌，提高其耐久性所实施的技术措施。

——修复保护效果评估：对修复后的文物进行科学检测和评估。

——建立修复档案：包括编写修复报告、建立修复档案。

（四）影响文物保护修复计价因素

影响文物保护修复计价的因素有哪些？我们形成了如下共识：

——文物损毁程度：根据文物损毁状况、腐蚀程度，将修复文物分为濒危、重度、中度、轻度四个等级。

——修复工艺方法：不同工艺方法费用差异巨大，而工艺方法的取舍，则取决于文物损毁程度和管理要求。

——文物体量：指文物在空间上的体积，包括文物的长度、宽度、高度，体量过大或过小，都需要专用设备和材料，费用存在较大的不可预见性。

——文物价值：科学价值、历史价值、文化价值，从文物保护角度考虑，价值越大，保护修复要求越高，费用就高。

（五）文物保护修复经费会计科目设置

从实际出发，文物保护修复经费会计科目设置建议强化文物保护修复预算管理与事业单位改革的有机结合。按照 2011 年 3 月国务院发布的《分类推进事业单位工资改革实施指导意见》，公益类事业单位工资将由岗位工资和绩效工资两部分组成。因此，《馆藏文物保护修复工作量清单计价规范》要考虑项目支出中的绩效工资内容，将提高预算管理与调动职工积极性统筹考虑，使本研究具有前瞻性。在文物保护修复经费会计科目设置上增加"项目绩效"科目。

关于促进民办博物馆发展的调研报告

国家文物局博物馆与社会文物司

内容摘要：我国民办博物馆是改革开放的产物。调研显示，近年来民办博物馆发展迅速，数量快速增长，题材丰富多彩，办馆条件逐步改善，管理运行水平稳步提高。地方政府积极鼓励推动，相关部门着力强化制度设计、加强行业管理，民办博物馆发展环境得到持续改善和优化，日益成为国有博物馆的有益补充和公共文化服务体系的重要组成部分。报告认为，民办博物馆在藏品、陈列展览、社会服务、法人治理、人才队伍、基础设施等方面问题较为突出，亟须规范和引导。民办博物馆管理也存在薄弱环节，需要健全完善。报告建议，立足民办博物馆社会力量办馆的特点和博物馆公益性特质，明确政府、社会和民办博物馆的职能定位，确立社会力量在民办博物馆发展中的主导地位，规范和扶持并举，从制订科学的发展规划、完善宏观政策、强化体制机制建设、加强业务指导、提升可持续发展能力、营造良好社会舆论环境等 6 个方面，推动民办博物馆逐步实现从数量增长到质量提高的转变。

2010 年国家文物局等七部门《关于促进民办博物馆发展的意见》发布，推动了民办博物馆快速增长。为进一步健全民办博物馆发展政策制度体系，加强规范和引导，国家文物局将民办博物馆专题调研列为 2013 年工作要点。经实地调研、汇总分省情况报告和《民办博物馆管理运行情况调查表》，并委托中国博物馆协会、中国文物报社开展民办博物馆规范化建设评估，形成本调研报告。

一　民办博物馆发展情况

（一）民办博物馆数量快速增长

2012 年，除西藏和新疆外，29 个省区有民办博物馆 647 家，占全国博物馆（3866 家）的 16.74%，覆盖地（市、州）由 2010 年的 60 多个扩散到 147 个。2010 年、2011 年，全国备案民办博物馆分别为 456、535 家，占全国博物馆的比例分别为 13.4%、14.9%。民办博物馆成为博物馆事业新的增长点。

各省区民办博物馆具体分布数量（家）为：浙江 91，四川 72，广东 44，江苏 42，陕西 37，内蒙古 34，安徽 32，上海 28，河南 28，辽宁 26，山西 25，北京 22，黑龙江 22，湖北 21，天津 18，湖南 17，江西 16，吉林 12，重庆 10，河北 10，山东 10，福建 6，宁夏 6，贵州 6，甘肃 5，云南 3，广西 2，海南 1，青海 1。

民办博物馆数量与当地经济文化发展水平、遗产资源富集程度密切相关。民办博物馆最多的是浙江省，91 家，约占全国的 14.06%。浙江、江苏、广东等经济发展水平较高的省份和四川、陕西、内蒙古、安徽等传统文物大省，这 7 个省份民办博物馆数量占全国的 54.4%。东、中、西部地区分别拥有民办博物馆 337 家、176 家和 134 家，分别占全国的 52.09%、27.2% 和 20.71%。

（二）民办博物馆题材丰富多彩

依据藏品的性质以及陈列展示的基本取向，民办博物馆表现出鲜明的专题性特征，从对文物的收藏拓展到对具有历史、艺术、科学价值的各类实物的收藏，并以公立博物馆所忽视或无力集中收藏的内容为特色，民办博物馆的发展，填补了全国博物馆门类上的许多空白。

历史类、艺术类、自然科技类和综合类民办博物馆的比例 2010 年分别是 35.4%、32.7%、10.8%、21.1%，2012 年分别是 31.4%、32.7%、6.3%、29.6%。江苏、浙江、贵州等省艺术类民办博物馆甚至达到 50% 左右，河北、吉林自然科技类民办博物馆则接近 20%。

浙江 91 家民办博物馆，包括竹炭、檀艺、古船、草编、粽子、麻饼、湖笔、锁具、剪刀、陶艺、眼镜、农机、农具、矾矿、服装、青瓷、袜业、中医药、红木、铜雕、金漆木雕、紫砂、丝绸、西洋绘画、邮电、根艺、古陶、明清家具、老相机、古砚、十里红妆、织锦、建筑艺术、酱文化、奇石、领袖像章、金银彩绣、越文化、世界钱币、地质、动物标本、竹雕、畲乡民俗、名人纪念、中美民间友谊等主题。

四川 72 家民办博物馆，题材涉及园艺、乌木、石雕石刻、木雕根雕、昆虫、茶叶茶具、佛教造像、古代建筑、川菜、蜀锦蜀绣、羌文化、古典家具、民俗艺术、书画艺术、历代货币、土陶艺术、女红工艺、陶瓷、发艺、传统养生、酒类、现代设计艺术、中医药、道教文化、玉器、鞋文化、姓氏文化、微雕、郫县豆瓣、竹编、货币、玩具制造、古代交通、皮影、抗战文物、“文革”文物等。

江苏 42 家民办博物馆，包括铜器、砖瓦、陶器、竹刻、紫砂、绘画、书法、云锦、苏绣、苏扇、文献图书、徽章证件、邮品、货币、民间工艺、酒业、奇石、圣旨、烟标、梳篦、门窗、砖雕、钟表、印染、风筝、丝毯、盆景、化石等多个门类。

陕西 37 家民办博物馆，内容涉及秦砖汉瓦、三彩艺术、民俗艺术、珠宝首饰、中医美容、汉唐石刻、陶艺、啤酒、证章、藏报、青铜器、壁画、历史名人、牛文化、建筑艺术、书法艺术、商业文化、纸文化、牌匾、科举、医药、装潢、生态文化等。

安徽 32 家民办博物馆，涵盖徽州三雕、古典家具、文房四宝、农耕器具、生产工具、民俗工艺、茶叶、茶具、玉石、奇石、根雕、文献资料、石刻艺术、奖状证书、广告、票据、青铜器、陶瓷器、书画等题材。

山西 25 家民办博物馆，大多与晋商文化相关，题材则包括镖局、钱庄、票号、珠算、传统武术、晋商家私、木版年画、剪纸艺术、字典、民俗信仰、古民居、县衙、儒学、名人故居、商会、民间文化艺术、货币金融、藏报、广播文化、革命老区等内容。

（三）民办博物馆办馆条件逐步改善

民办博物馆馆舍平均面积为 3382 平方米，其中：499 座为小型博物馆

（面积小于 4000 平方米），占 77.1%；100 座为中型博物馆（4000～10000 平方米），占 15.5%；48 座为大型博物馆（面积大于 10000 平方米），占 7.4%。四川有 10 座民办博物馆面积超过 10000 平方米，占全国大型民办博物馆的 20.83%；浙江有 5 座大型博物馆，占 10.42%。建筑面积最大的为四川建川博物馆，61932 平方米。

民办博物馆展厅面积平均为 1993.7 平方米。90.8% 民办博物馆展厅面积 400 平方米以上，80.5% 展厅面积 450 平方米以上，76.3% 展厅面积 500 平方米以上，70.8% 展厅面积 600 平方米以上。民办博物馆展厅面积占建筑面积比平均 60.36%，73.45% 民办博物馆展厅面积不低于总面积 50%，81.5% 民办博物馆展厅面积超过总面积 40%，84.2% 民办博物馆展厅面积不低于总面积 30%。

民办博物馆平均有从业人员 13.1 人，馆均专职人员 7.4 人，分别较 2010 年增长 13.6 和 5.9 个百分点，专职人员占比 56.68%。民办博物馆从业人员大专以上学历占比 48.7%，从业人员最多的为北京中华民族博物院，320 人；专职人员最多的为观复博物馆，66 人。92% 的民办博物馆从业人员 5 人以上，84.3% 民办博物馆从业人员 6 人以上，73% 的民办博物馆从业人员 7 人以上，51.8% 民办博物馆从业人员 10 人以上。85.4% 民办博物馆专职人员 3 人以上，74.7% 民办博物馆专职人员 4 人以上，58.1% 民办博物馆专职人员 5 人以上，53.4% 民办博物馆专职人员 6 人以上，7% 的民办博物馆没有专职人员。上海市民办博物馆专职人员占比 73.3%，全国最高。

（四）民办博物馆管理运行水平稳步提高

1. 法人治理开始走向规范化

基于民办博物馆"来自民间、自主管理、自我运行、服务社会"的特质，采取以理事会（董事会）为核心的法人治理形式，是国家民办非企业单位管理法规的要求，对促进民办博物馆决策的民主化和科学化，扩大公众对民办博物馆的参与支持，保障民办博物馆持续稳定发挥功能具有基础性作用。520 家民办博物馆取得独立法人资格，占 80.31%。有 237 家民办博物馆按照法规要求成立了理事会（董事会），占 36.6%，较 2010 年的 23 家增加近 10 倍。已成立理事会的民办博物馆中，四川 41 家、浙江 30 家、陕西 22 家、广东 19 家、安徽 17 家，这 5 个省占全国的 54.43%。北京观复博物馆于 2004 年率先尝试理事会制度，3 个理事中有社会代表人士 2 人，有效发挥了理事会在博物馆决策、管理、监督中的职能，以及为博物馆筹集资金和藏品的功能。

目前，84 家民办博物馆落实了以藏品为核心的法人财产权，占 12.98%，比 2010 年增加了 46 家，增幅 121%。如重庆 10 家民办博物馆中有 4 家、河南 28 家中有 8 家，内蒙古 34 家中有 9 家拥有自己的藏品。64 家民办博物馆拥有自己的馆舍，比 2010 年增加了 33 家，占 10.1%，增幅 93.9%。其中，内蒙古由 1 家增加到 7 家、湖南由 3 家增长到 6 家、上海由 1 家增加到 4 家。

一些民办博物馆着眼长远发展，努力探索构建基金会、博物馆之友等社会支持机制。如宁波华茂集团成立了华茂教育基金会为华茂美术馆藏品征集等提供必要的资金支持。观复博物馆成立了观复博物馆文化基金会，2012 年募集资金 100 万元。观复博物馆还实行会员制，通过给予缴纳会费的会员优惠待遇，吸引社会资源注入博物馆，大大增强了博物馆的活力。

部分民办博物馆开始走向由具备丰富博物馆从业经验的专家治馆的道路。如大唐西市博物馆 2011 年成立之初，其馆长、副馆长就由陕西省及西安市博物馆资深专家担任，并聘用包括海归、高级管理营销人才在内的高质量人才队伍，在今年的民办博物馆规范化运行评估中，该馆独占鳌头。西安曲江艺术博物馆、广东侨鑫博物馆聘任原陕西省、广东省博物馆馆长任馆长，上海琉璃博物馆从规划设计到陈列展览、社会服务都借助德国高水平专业团队的力量，管理运行有声有色。甘肃敦煌阳关博物馆长期聘任多名退休文博专家到馆工作或担任顾问，专家充分参与该馆的藏品鉴定管理、陈展设计、学术活动和服务项目策划，其专业化水平甚至超过了省内部分市州级博物馆。

2. 遗产保护功能逐渐显现

民办博物馆藏品规模越来越大，从初期的家庭收藏馆的一二百件，到近年来一些博物馆的数万件，甚至上百万件。全国民办博物馆有藏品 687.8 万件（套），平均每馆 10630 件（套），较 2010 年的馆均 8429 件（套）增加 2201 件（套）。542 家民办博物馆藏品 300 件（套）以上，占 83.7%；493 家民办博物馆藏品 350 件（套）以上，占 76.2%；476 家民办博物馆藏品 400

件（套）以上，占 73.6%；466 家民办博物馆藏品 500 件（套）以上，占 72%；97 家民办博物馆藏品 1 万件（套）以上，占 14.99%；17 家民办博物馆藏品 5 万件（套）以上，占 2.63%；10 家民办博物馆藏品 10 万件（套）以上，占全国民办博物馆藏品总量的 61.3%；3 家民办博物馆藏品 50 万件（套）以上，分别是哈尔滨市文园酒文化博物馆 60 万件（套）、四川省建川博物馆 110 万件（套）、陕西省毛泽东像章珍藏馆 120 万件（套）。

四川建川博物馆有珍贵文物 215 件（套），一级文物 10 件（套），收藏的抗战文物、"文革"文物极有特色，数量庞大。华希昆虫博物馆收集各类昆虫标本 42 万多件，是国际学术界公认的收藏中国蝴蝶种类最齐全的博物馆，该馆有珍贵标本 12800 件，属于世界之最的昆虫达 70 余种。甘肃敦煌阳关博物馆收集古代兵器、丝绸、木器 3500 多件（套），其中珍贵文物 638 件（套）。哈尔滨三五企业文化博物馆、圣安齿科博物馆、俄罗斯艺术展览馆等先后征集文物 3000 多件，经黑龙江省文物局组织专家鉴定，珍贵文物达 1600 余件。

藏品管理逐步追求规范化。约 1/4 的民办博物馆建立了藏品登记、建账、提用、日常养护和库房管理基本制度。内蒙古每一个民办博物馆都按照《博物馆管理办法》和有关要求，完善了民办博物馆章程，制定了工作人员职责、藏品管理制度、安全保障制度等管理制度。浙江 80% 的民办博物馆建有藏品总账，70% 的博物馆建立藏品档案。天津大多数民办博物馆建立了藏品总账和档案。重庆民办博物馆 95045 件（套）藏品中有 35440 件（套）建立了档案。上海琉璃艺术博物馆、甘肃省定西马家窑彩陶博物馆还建立了藏品管理数据库，做到了信息化管理。超过 12% 的民办博物馆藏品经过专业评估，重庆全部 10 家民办博物馆的所有藏品均由文物行政部门组织专家进行了认定把关。甘肃省文物局组织专家对全省民办博物馆列入藏品清单的文物进行了鉴定。广东神农草堂博物馆邀请药用植物专业鉴定机构对馆藏中药标本进行了认定。79 家民办博物馆藏品实现了分类、分库、上架保存，天水成纪博物馆等还为价值较高的藏品配备了囊匣和保险柜。广东侨鑫博物馆根据藏品不同类别的实际需求，安装了恒温恒湿设施。敦煌阳关博物馆按照文物系统博物馆安全防范的有关规定，安装了先进的技术防范系统，并通过了文物和公安部门的验收。

藏品研究日益得到重视。一些民办博物馆立足收藏特点，组织科研人员，研究、揭示和阐释藏品的丰富信息和价值内涵，取得不俗成绩。如华希昆虫博物馆积极开展科研活动，建成了藏品科研实验室，并与美国、英国、日本、匈牙利等国际著名昆虫学组织和机构建立了长期合作关系，联合开展了多项学术研究和考察项目。该馆编撰的《中国鳞翅目——蝴蝶》被称为世界上记录中国蝴蝶种类最齐全的专著，《图文中国昆虫记》获"第三届吴大猷科学普及著作奖"，并被教育部、共青团中央、国家新闻出版总署选为向青少年推荐的100本优秀读物之一。大唐西市博物馆编著的《历史上的大唐西市》获得"第25届北方十五省市自治区哲学社会科学优秀图书奖"。观复博物馆馆长马未都的《马未都说收藏》系列，在深入研究的基础上，结合馆藏说收藏，具有较强的知识性、趣味性和普及性。杭州世界钱币博物馆在金融史研究方面多有成果，馆长储建国编著的《中国御书钱》、《泰国历史钱币》等多部著作，具有相当水平。

3. 社会服务意识进一步增强

2012 年，民办博物馆共举办基本陈列 1072 个、临时展览 1973 个，馆均 1.65 个和 3.05 个，比 2010 年增加 20.4 和 16.2 个百分点。大唐西市博物馆举办基本陈列和专题陈列 3 个，每年举办 4~5 个独具特色的临时展览，并提供中、英、法、韩、日 5 种语言的讲解导览。广州神农草堂博物馆将博物馆与园林功能有机结合，静态收藏和活态物品结合展示的新方式，并较为合理地使用了声、光、电等辅助手段，物质文化遗产和非物质文化遗产相互交融，给观众带来了更全面、更直观、更新鲜的文化体验。华希昆虫博物馆按照科学分类系统，系列化展示本土蝴蝶和观赏昆虫，还借助多媒体展示系统、昆虫电影放映厅、蝴蝶树和蝴蝶柱、大型仿真模型等展示手段，给观众带来视觉和心理上的震撼。该馆多媒体电脑展示系统有中、英、日三种文字版本，计 100 多万字，深化了展览的内容，有效满足了观众的多样化需求。观复博物馆自 1997 年成立以来，平均每 6 个月推出一个新的展览，不断吸引观众。

一些民办博物馆还结合自身特点，开展社会教育活动，研发文化产品，收到良好的社会效果。长沙伯瑜万福源博物馆与湖南省青少年活动中心共同举办了澳门善明会阳光少年"伟人故里行"湖南励志夏令营，湖南省沙坪湘绣博物馆开设了刺绣体验活动，并与长沙市多所中小学开展了馆校共建活动及"走近科学"夏令营。广东东莞唯美陶瓷博物馆引进艺术家参与文化产品设计、制作，2012 年创收 800 余万元。观复博物馆集合优秀设计团队和研发人才，将博物馆藏品中具有中国传统文化特色的纹饰、象征符号与结合市场元素，设计生产了 400 多款时尚服饰、家居用品、工艺品、办公用品等特色文化创意产品。观复博物馆商店还作为高端艺术品牌被引入重庆国泰艺术中心，成为我国第一个将博物馆文化产品品牌打入大型商场的民办博物馆。武汉道一堂博物馆研发推出的古方养生凉茶、中药辟邪香包都受到武汉市民的热烈追捧。华希昆虫博物馆设计的昆虫元素的书签、挂坠颇受游客青睐，在获取增值利润的同时，也突出了本馆特色，普及、传播了博物馆文化。

2012 年，民办博物馆平均开放天数为 309 天，186 家开放天数达到 360 天（常年开放），占 28.74%。543 家民办博物馆向社会免费开放，占比 83.93%，比 2010 年增加 195 家，增幅 56%。

4. 社会影响日益扩大

民办博物馆的出现和发展吸引了社会的广泛关注，知名度和影响力迅速提升。四川成都、湖北武汉、浙江宁波的民办博物馆群落成为新的城市文化名片。浙江朱炳仁铜雕博物馆接待观众 120 万人次，四川建川博物馆接待观众 101 万人次，观众量超过部分省级博物馆。北京中华民族博物院是 2008 北京奥运会旅游定点接待单位。北京中国紫檀博物馆曾接待德国、罗马尼亚、泰国等国的政府首脑和政要参观。北京观复博物馆已经成为欧美来华游客的推荐参观点。阳关博物馆、建川博物馆、青海藏医药博物馆、天津宝成博物馆被评为 4A 级景区。山西平遥的镖局博物馆、票号博物馆等 12 家民办博物馆是 5A 级景区平遥古城的亮点。大同广灵剪纸艺术博物馆、建川博物馆、关中民俗博物院、河北衡水习三内画博物馆被文化部评为国家文化产业示范基地。青海藏医药博物馆还被公布为全国爱国主义教育示范基地。民办博物馆的社会认同度进一步提高，有 27 家民办博物馆接受社会捐赠 1407.5 万元，较 2010 年的 4 家和不到 100 万元向前迈出了一大步。

二　民办博物馆发展环境持续优化

结合贯彻落实七部局《意见》精神，国家文物局、地方各级政府和文物行政部门不断深化对民办博物馆性质、功能、地位和特征的认识，立足实际，积极探索健全引导民办博物馆健康发展的政策措施。

（一）国家文物局充分发挥行业管理职能，不断强化顶层设计

1. 加强部署规划

2011 年发布了《国家文物博物馆事业发展"十二五"规划》和《博物馆事业中长期发展规划纲要（2011~2020 年)》，对规范和引导民办博物馆发展进行部署。《国家文物博物馆事业发展"十二五"规划》提出，到 2015 年，法人治理结构规范化、管理专业化的民办博物馆建设率达到 10%。《博物馆事业中长期发展规划纲要（2011~2020 年)》提出，到 2020 年，民办博物馆占全国博物馆比例逐步达到 20%，涌现出一批专业化程度高、社会影响力强的优秀民办博物馆；同时提出实施"民办博物馆帮扶工程"加强民办博物馆的统筹、规划和管理，健全对民办博物馆的专业化建设扶持机制，开展国有博物馆对口帮扶，探索建立民办博物馆公共文化服务补偿制度，提升民办博物馆法人治理、藏品保护、研究、展示和服务能力及水平。

2. 推进健全民办博物馆内部治理

在 2011 年开展博物馆理事会组织规则、博物馆章程两个课题研究基础上，2012 年印发了《民办博物馆章程示范文本》，该文本根据《民办非企业单位登记管理暂行条例》和《博物馆管理办法》、《民办非企业单位（法人）章程示范文本》等上位法规制定，对民办博物馆的设立、举办者责任、法人治理、内部组织管理、藏品管理、财务管理、终止等情形提出了明确要求，通过在博物馆设立审核中的适用，可以以博物馆举办者意思自治的形式，实现对民办博物馆法人治理和办馆行为的规范。

3. 推进健全民办公助长效机制

发挥重点国有博物馆示范辐射作用。在 2011 年组织开展"山西博物院帮扶广灵剪纸艺术博物馆展示服务提升"、"上海博物馆帮扶上海琉璃艺术博物馆藏品保管提升"和"成都武侯祠博物馆帮扶成都华通博物馆教育服务提升" 3 个国有博物馆对口支援民办博物馆试点的基础上，2013 年 6 月，印发了《关于推进国有博物馆对口支援民办博物馆工作的意见》，明确了国有博物馆对口支援民办博物馆工作的目标、范围、内容和要求。

将民办博物馆从业人员纳入全国文博人才培养规划。2011、2012、2013年分别在成都、宁波和西安举办了 3 期民办博物馆馆长培训班，培训民办博物馆馆长 120 人，约 20% 的民办博物馆馆长经过专业化培训。

对民办博物馆展示服务给予扶持。2013 年，财政部印发《中央补助地方博物馆纪念馆免费开放专项资金管理暂行办法》，规定对地方自行免费开放或低票价开放的博物馆、纪念馆（含民办博物馆）给予奖励，激励提升公共服务能力。当年安排奖励资金 1 亿元。

4. 纳入博物馆质量评估体系

通过 2012 年第二次全国博物馆评估定级，大唐西市博物馆跻身国家二级博物馆行列，华西昆虫博物馆等 11 家博物馆成为国家三级博物馆。全国 730 家三级以上博物馆中，民办博物馆占 1.64%。

2013 年，组织中国博物馆协会和中国文物报社开展了民办博物馆规范化建设评估试点，指标体系涵盖法人治理（35%）、业务活动（50%）、诚信建设（5%）、社会评价（15%）4 个一级指标的 15 个二级指标和 56 个要点。全国 2/3 的民办博物馆共计 418 家自愿参与了评估。评估结果平均分为 457.8 分（满分 1000 分），其中有 59 家在 600 分以上，占全部参评馆的 14%。通过评估梳理制约民办博物馆规范发展的问题，在科学分析和总结的基础上提供有针对性的政策建议。

（二）各地结合实际不断完善具体办法措施

据不完全统计，截至 2013 年 9 月，全国省、市、县等制定颁布民办博物馆政策文件 41 个；正在编制中的民办博物馆专门文件至少还有 12 个。在已经出台的 41 个文件中，按照出台年份分，2005 年 2 个，2006 年 2 个，2008 年 4 个，2009 年 2 个，2010 年 9 个，2011 年 6 个，2012 年 4 个，2013 年 11 个。2010 年七部门《意见》对各地出台相关文件起到了明显的推动作用，且这种势头仍在继续。按照文件题目中包含的主题，41 个文件中，促进、鼓励、扶持类 22 个，扶持专项资金使用管理办法或细则类 7 个，两项共计 29 个；管理办法综合类 9 个，设立审核办法类 1 个，两项共计 10 个；发展规划和建设实施方案类 2 个。

各地主要做法包括：

1. 将民办博物馆发展纳入重要议事日程

广西柳州市将民办博物馆建设纳入了柳州市"文化建设十大工程",市委书记、市长任项目总指挥长。湖北宜都市将民办博物馆工作纳入民生工程、实事工程,成立由市委、市政府领导牵头的专门班子,全程指导民办博物馆建设。

2. 帮助解决民办博物馆馆舍

对民办博物馆建馆用地给予优惠。重庆市将博物馆建设用地纳入城乡总体规划和土地利用总体规划,符合国家《划拨用地目录》规定的非营利性博物馆建设用地的,经县级以上人民政府批准后,可以划拨方式供应土地。以出让方式取得土地使用权且建成后不分割出售产权的,符合现代服务业重大项目用地或文化产业用地土地政策的,依照该政策实施。湖南长沙市,湖北武汉市,河南洛阳市,浙江丽水市、慈溪市、嘉兴市、上虞市、绍兴市,山东青岛市、淄博市,广东深圳市、东莞市、中山市,广西柳州市等政府规定,对符合国家《划拨用地目录》规定的非营利性民办博物馆的建设用地,根据《博物馆建设用地指标》要求以划拨方式供地,利用闲置的房产,支持民办博物馆发展,在旅游景区和文化产业园区内规划建设民办博物馆,以优惠方式为民办博物馆提供馆舍和基础设施运行保障。成都市在天府新区文化创意产业综合功能区内,划拨一定数量的民办博物馆发展用地,集中市内外具有特色的民间收藏资源,建设"成都民办博物馆聚集中心"。深圳市福田区以划拨的方式将安托山公园的黄金地块以政府划拨方式功能供地,用于安托山博物馆群建设。宁夏回族自治区对部分民办博物馆实行划拨供地。

将公共房屋以优惠方式提供民办博物馆做馆舍。1996 年北京炎黄艺术博物馆由政府无偿提供展馆用房首开先例。山西晋中市平遥、榆次、祁县等地,将民办博物馆纳入当地旅游发展的整体规划,政府提供公共房屋作为馆舍,在房租方面给予优惠。如平遥县对进入古城的民办博物馆在进驻前两年免收房租,后八年减半征收房租。江苏昆山市锦溪镇除优惠为民办博物馆提供房屋外,还对其水、电、气等基础设施运行费用给予减免。淮安市、南通市无偿为民办博物馆提供馆舍。云南昆明市规定,"对产权属国有的文物建筑和挂牌保护建筑,进行修缮后以优惠价格出租给符合条件的社会团体或个人兴办博物馆;对于产权属非国有的文物建筑和挂牌保护建筑,经产权所有者同意,可由政府出资收购或租赁，以优惠价格出租给符合条件的社会团体或个人兴办博物馆"。

3. 设置专项资金

上海市设立 1000 万元的"上海市民办博物馆扶持资金"。浙江省杭州市每年拿出 500 万，扶持民办博物馆在内的文化类民办非企业单位发展。天津市滨海新区对于新建民办博物馆，经审核可给予最高不超过 100 万元的建设补助资金；对于租房新办的博物馆，给予一次性最高不超过 30 万元的房租和装修补助；对新建民办红色博物馆加倍补助。宁波市财政每年安排 200 万元专项资金。德清县每年安排 300 万元扶持民办博物馆专项资金，用于补助民办博物馆的基础设施建设、举办展览和日常开放等。成都市委市政府专门从市现代服务业发展资金和市文化产业发展资金中对民办博物馆的进行扶持，资金规模从 2011 年 600 万元增加到 2013 年 2000 万元。宁夏回族自治区安排专项经费 200 万元补助民办和行业博物馆发展。湖南长沙市设立民办博物馆事业发展年度专项资金，对民办博物馆的馆舍建设、陈列展览、文物抢救性保护和相关学术研究活动及运营经费进行补助。四川双流县对新建的民办博物馆馆舍按照 500 元/平方米补助，最高不超过 50 万元。西安市设立民办和行业博物馆发展专项资金，由文物、财政部门对有关博物馆进行考核后给予补助。

浙江省财政两年安排经费 500 多万元对 90 多个民办博物馆进行了补助。昆明市每两年开展一次针对行业博物馆和民办博物馆的评选奖励活动，金额为 62 万元。武汉市财政设立政府采购公共文化服务产品和服务专项资金，对民办和行业博物馆新举办的原创展览按照年度进行综合考核，从考核为优秀的博物馆中评出一、二、三等奖，分别给予 10 万元、8 万元、5 万元的一次性奖励。重庆市财政设立促进民办博物馆发展专项资金，2012 年安排 100 万元，采用公开招标和政府购买服务的方式，将符合条件的民办博物馆纳入国家支持的免费开放博物馆范围。洛阳市文化产业发展专项资金以扶持文化产业项目的形式，支持民办博物馆依托藏品、展览研发推广博物馆文化产品，发展相关文化产业。苏州市对新建、改建、扩建民办博物馆建筑面积 700 平方米以上的，经评审认定，按照 700~900 元/平方米的标准给予补助，最高不超过 200 万元。对利用租赁或自有物业作为民办博物馆，建筑面积 700 平方米以上或者利用文物保护单位、控制保护建筑作为民办博物馆，建筑面积200平方米以上的，补助最高不超过50万元/年；对免费开放的民办博物馆，根据免费开放天数、参观人数、展览情况等评估，给予补助，最高不超过20万元/馆/年。陕西省先后对大唐西市博物馆在遗址保护、文物保护规划编制等方面补助专项经费近700万元，补助关中民俗博物馆文物保护、陈列布展等经费1400万元。

4. 给予财税优惠

重庆市规定民办博物馆执行当地居民生活用水、电、气费价格标准，门票收入免征营业税及附加税费。广西柳州市民办博物馆缴纳的城市基础设施配套费，当地政府安排同等资金用于民办博物馆周边的基础设施建设。如情况特殊确需减免，可申请减免。经营收入以及经营所得，依法享受国家有关税收优惠政策。民办博物馆的用电等，符合有关公共文化事业收费标准的，按照该标准执行。长沙市、洛阳市规定，民办博物馆建设需交纳的城市基础设施配套费，按减免程序报市政府审定后予以减免。民办博物馆缴纳城镇土地使用税、房产税确有困难的，房产税和城镇土地使用税可按权限报批后予以减免。对符合非营利组织认定条件的民办博物馆，经财政、税务部门认定后，其符合非营利组织企业所得税免税收入范围内的有关收入依法免征企业所得税。民办博物馆的用电收费，执行一般工商业及其他用电电价标准。民办博物馆的用水收费，参照事业单位收费标准执行。鼓励各类担保机构为民办博物馆提供融资担保、经济担保。武汉市民办和行业博物馆的用水、用电和使用燃气空调的场馆部分的用气，参照公共文化单位收费标准执行。双流县民办博物馆门票收入及其文化产业等多种经营收入产生的税收县级实得部分，前两年给予100%补助，后三年给予50%补助。

5. 扶持人才队伍建设

长沙市规定民办博物馆专业技术人员在职称评定、业务学习、评级评奖等方面与国有博物馆专业技术人员享有同等政策。武汉市将民办博物馆人才培养纳入市专业技术人员继续教育培训计划，支持有条件的培训基地开展相关专业的人才培训。将民办博物馆专业技术人员职称考评纳入全市职称考评工作范围，执行相关的专业人员职称政策。洛阳市规定将民办博物馆的人才培养纳入市人才培训计划，民办博物馆专业技术人员的职称评定归口市人社部门统一管理。国有文博行业现职专业技术人员按干部管理权限，分别经人事、纪检等部门批准同意后可到民办博物馆兼职，鼓励文博行业离退休专业技术人员到民办博物馆工作。

6. 加强行业指导

一是规范民办博物馆准入。

辽宁省、湖南省长沙市制定民办博物馆审批办法。北京市严格依据《博物馆管理办法》、《北京市博物馆条例》，坚持公立馆与民办馆按照统一标准进行审核，从源头上保证民办博物馆的规范化。对申办民办博物馆在咨询时采取先期介入方式提供服务和指导，使民办博物馆从筹建之时就按照博物馆的规律和规范开展工作；对准予注册的民办博物馆指导其完成法人登记、申领发票、筹备开放等工作，特别是将民办博物馆的相关业务纳入全市统一组织的各类博物馆活动中；对某些涉及重大历史事件、历史阶段、特定人物等题材的申办者，在保护其办馆积极性的前提下注重做好疏导工作，原则上不批准举办特定主题的民办博物馆，确保正确导向。上海市文物局积极为民办博物馆提供咨询服务，引入专家评审环节，逐步形成市局、市委宣传部和市社团局协同合作机制。江西省、湖北省文物局按照博物馆设立规范，组织专家实地考察，成熟一个、审批一个。甘肃省在民办博物馆申请阶段组织专家对其藏品进行鉴定定级，指导完善博物馆章程和陈展大纲，并对理事会人员组成提出建议，推荐国有博物馆业务人员到民办博物馆担任顾问进行业务指导。云南省昆明市制定了《昆明市挂牌博物馆评审办法》、《昆明市博物馆业发展奖励办法》，成立了博物馆业专家评审组，到现场对申请挂牌的博物馆进行审核评定。

同时，加大对民办博物馆的管理力度，如江西省对年检基本合格和不合格的民办博物馆下发限期整改书。甘肃省对民办博物馆的运营情况进行不定期检查，对发现的问题，要求及时整改。

二是加强业务指导和对口帮扶。

强化业务指导。北京、上海、天津、四川、江苏、山西、云南等 22 个省市文物局为民办博物馆提供陈列布展、藏品建档、保护工作等方面的业务指导。重庆市文物局组织专家对全市所有民办博物馆文物藏品进行了鉴定，四川、湖南、黑龙江省级文物行政部门多次组织专家对民办博物馆馆藏文物进行定级。广东省文物局2011年启动了全省馆藏文物巡回鉴定工作，将民办博物馆馆藏文物纳入免费鉴定的范畴。湖北、浙江、辽宁、陕西、山西、河南、江西、内蒙古、甘肃等省区各级文物部门也指导辖区内民办博物馆开展了建档、建账工作。山东省淄博市文物局为民办博物馆征集藏品提供线索，定期对陈列展览质量、社会教育功能进行评估和指导；青岛市文物局组织专家指导胶州九兴博物馆、青岛冯氏钢琴艺术博物馆进行展览改造。各省区文物行政部门积极引导辖区内民办博物馆开展进社区、进农村、进学校、进企事业、进军（警）营活动，并还结合年检和国家二、三级博物馆评估定级以及规范化建设评估等工作，对民办博物馆各项业务工作进行规范和指导。

推进对口帮扶。上海市、山西省、四川省文物局协调完成了国有博物馆对口帮扶民办博物馆试点工作。浙江省文物局召开了"国有博物馆对口帮扶民办博物馆试点工作会议"，促成8组结对博物馆，协调省财政落实了300多万元的帮扶经费。湖北省文物局协调4组国有博物馆、民办博物馆签订了对口帮扶协议。湖南省文物局指导省博物馆、长沙市博物馆、株洲市博物馆、岳阳博物馆对口支援4家民办博物馆。山东省文物局协调山东博物馆、青岛市博物馆、烟台市博物馆对口帮扶3家民办博物馆。重庆市文物局组织重庆中国三峡博物馆、重庆红岩联线分别实施重庆宝林博物馆、重庆市巴渝名匾文化艺术博物馆的展览提升。陕西省文物局组织实施了陕西历史博物馆与大唐西市博物馆、西安碑林博物馆与关中民俗艺术博物院的对口帮扶工作，协调全国近20个博物馆通过借展、复制等方式为西安曲江艺术博物馆基本陈列提供大量文物展品。陕西历史博物馆一位副馆长长期派驻大唐西市博物馆担任馆长。江西省文物局指导地方文物行政部门抽调国有博物馆专业人员对民办博物馆的申报、藏品保护、陈列展览、科学研究等业务活动实施帮扶。东莞市文化局组织国有博物馆对民办博物馆开展一对一帮扶，采用项目咨询制、项目聘用制形式，对民办博物馆陈列布展、日常业务、藏品研究等提供帮助。北京市积极申请财政经费用于补贴民办博物馆展览、开放等业务工作开展。山西省文物局协调省民俗博物馆利用馆舍、陈展、讲解优势与山西会馆进行了合作，将民俗收藏展示与餐饮结合，增加了文化含量，将山西会馆办成"能吃饭的博物馆"。目前，全国有21个省（区、市）近50家民办博物馆与国有博物馆达成了对口帮扶意向，部分省市的帮扶成果已经初步显现。

搭建交流平台。浙江、湖北、陕西、山西、江西、天津等 13 个省市文物局组织召开了民办博物馆工作座谈会，交流经验，凝聚共识，探索民办博物馆健康发展之路。陕西省文物局、四川省文物局积极推动，西安民办博物馆论坛、安仁博物馆论坛逐渐成为全国民办博物馆开展行业交流、展示行业风采的重要舞台。广东省文物局指导省文博学会联合侨鑫博物馆共同举办了"2011 年博物馆高峰文化论坛"，邀请了 17 个不同国家的博物馆馆长和文博界专家参加。上海市文物局协调上海市历史博物馆协同 13 家民办博物馆联合举办"上海历史文化名城展"，四川省文物局指导成都华通博物馆与荆州博物馆联合于 2011 年和 2012 年互办展览、指导和协调四川三都博物馆在首都博物馆举办了"丹青铸史——四川·中国书画展"，天津市文物局指导天津沉香艺术博物馆举办了"天香飘渺——沉香及中国古代香器特展"，吉林省文物局指导仁德北方古代文明博物馆在吉林省博物院举办"古代北方文物精品展"，产生了良好的社会反响。

加强人才队伍建设。陕西、山西、四川、甘肃、内蒙古、天津等省（区、市）文物局不定期免费举办民办博物馆管理、业务人员培训班，有针对性地对民办博物馆从业人员进行业务培训。江西省文物局将民办博物馆馆长、讲解员、保管员纳入业务培训范围。浙江省文物局组织民办博物馆专业人员和负责人参加培训学习，先后有 19 家民办博物馆的 87 人次参加。宁波市鄞州区设立了文博干部学校，每年组织一定数量的民办博物馆人员参加学习或业务讲座。北京市文物局为民办博物馆业务人员代评文博职称，并将民办博物馆业务人员的培训纳入全市文博培训体系。浙江、江苏、湖南、湖北、河南等省文物局积极鼓励民办博物馆招聘文博专业人才，引导和鼓励民办博物馆的专业人员参加专业技术职务评审，与国有博物馆业务人员享受同等条件。

积极扩大宣传。北京市将民办博物馆纳入全市统一组织的各类宣传活动。云南省通过制作《博物馆地图》、开展"流动博物馆"等方式，加大包括民办博物馆在内的各类博物馆的宣传。重庆市文物局协调旅游部门把民办博物馆纳入旅游规划，将全市民办博物馆的名称、地址、电话、开放情况等相关信息编入了市旅游局印制的《重庆非去不可地图册》中，开辟富有特色的"博物馆之旅"线路。上海市协调上海中国留学生博物馆编印《上海文化之旅——民办博物馆》宣传手册。对湖南省沙坪湘绣博物馆、沅州石雕博物馆等13家民办博物馆进行授牌，并将授牌仪式作为"5·18"国际博物馆日的主要内容进行宣传。北京、上海、天津、安徽、重庆、陕西、浙江、江苏、四川等26个省市还结合"5·18"国际博物馆日、文化遗产日活动以及重大博物馆文化活动，将民办博物馆纳入宣传范围，加强对民办博物馆的宣传。

上海、浙江、江苏、黑龙江、吉林、辽宁、甘肃、安徽等省市积极吸纳民办博物馆加入行业协会。继中国博物馆协会批准成立民办博物馆专业委员会后，陕西、内蒙古、河南等3个省区和宁波市文物行政部门指导成立了区域性民办博物馆协会，加强行业自律。

三 主要问题

由于民办博物馆产生历史较短，目前在管理运行、业务开展、社会服务方面较之公立博物馆尚存在着较大的差距，还普遍缺乏应有的竞争力和社会影响力。制约民办博物馆发展的主要问题是：

（一）法人治理不规范

法人治理结构不完善。《民办非企业单位登记管理暂行条例》和《博物馆管理办法》、《民办博物馆章程示范文本（试行）》规定民办博物馆的法人治理，并对民办博物馆以理事会为核心的法人治理结构提出了明确要求，将其作为民办博物馆设立的要件。但19.62%的民办博物馆（127家）尚未完成法人登记手续。完成法人登记的民办博物馆，超过60%没有成立理事会。已经成立理事会的，只有不足4%有社会人士参与。大部分民办博物馆理事会无法正常履行决策、管理、监督的职责，其决策权和管理权实际由举办者掌控。

法人财产权未有效落实。民办博物馆的法人财产主要包括主办者投入的藏品、资金、馆舍等有形资产和知识产权、土地等无形资产，以及民办博物馆接受的捐赠及政府提供的资助等，这些资产都应依法过户到民办博物馆名下。但是，有86.8%的民办博物馆的藏品仍属于举办者所有，90%的民办博物馆无自有馆舍（56.6%的馆舍属举办者所有，26.9%的馆舍为租用，7.4%的馆舍由政府无偿提供）。大部分民办博物馆只能称之为"企业展示馆"或

"私人收藏馆"。

内部管理制度不健全。民办博物馆超过70%未建立相应的管理制度，藏品、展览、研究、保护、教育、服务甚至安全等工作都无章可循。部分已经建立的也不健全，或是直接从企业管理制度中移植，缺乏针对性。

缺乏人才支撑。超过4成的民办博物馆专职人员少于4人，7%甚至没有专职人员。专职人员中51.3%为大专以下学历，受过博物馆专业训练或有博物馆工作经验的不到10%，从业人员无职称、初级职称和中级、高级职称的比例分别为61.7%、30.4%和7.2%、0.5%。专职人员的数量少，素质、专业能力不高是民办博物馆业务停滞不前的关键原因。

造血机能差。2012年，民办博物馆的收入中，举办者投入占85.4%，公共财政资助占7.4%，经营性收入占4.1%，捐赠收入占3.1%。民办博物馆在依靠社会和市场筹集办馆资源方面还大有潜力可挖。59.1%的民办博物馆保持收支平衡，10.6%略有盈余，30.3%入不敷出。67.1%的民办博物馆年度经费支出超过40万元，业务经费只占全部支出的10.2%，5.1%的民办博物馆业务经费为零。2013年民办博物馆规范化建设评估成绩最好的上海，业务支出占比也仅44.1%。

（二）藏品保管基础工作薄弱

藏品来源渠道复杂，合法性不易认定。一方面，一些民办博物馆创办人购入文物的渠道不正规，使博物馆藏品涉嫌来历不明。另一方面，民办博物馆在获取藏品和处置藏品时是否遵循法律和职业伦理的规定，难以监管。有些地方出现的以民办博物馆的名义收购和交易出土文物的情况，在社会上产生了非常恶劣的影响。

89.7%的民办博物馆藏品没有经过严格的学术鉴定，藏品的真实性经常受到社会的质疑。重庆市的调研报告显示，该市共有10家民办博物馆，藏品共计95045件（套），其中珍贵藏品408件（套），只占0.4%，藏品质量和品位整体偏低。

超过60%的民办博物馆未开展藏品登记、建账、编目、建档工作。66.3%的民办博物馆尚未建立藏品管理制度。仅18.1%的民办博物馆藏品实现分级分类、入库上架管理。对藏品保存的温度、湿度、光照、有害气体、可悬浮颗粒物进行控制调节的民办博物馆不到 10 家。安装安防、消防系统的不到 20%。90% 的民办博物馆缺乏保存柜架、藏品囊匣。绝大部分民办博物馆没有配备恒温恒湿和空气调节设备。藏品保存环境整体堪忧。

只有 32.8% 的博物馆开展了藏品介绍、展览图录等初级研究工作。除成都华通博物馆等极少数民办博物馆具有一定的藏品保护、修复能力外，绝大部分民办博物馆根本不开展藏品的日常养护。

（三）展示服务功能不健全

相当一部分民办博物馆主要功能定位于较为单一的行业发展历史、企业文化、个人收藏展示，除了重点的行业内部接待外，作为博物馆应当承担的藏品保管、陈列展览、社会教育、公众服务等难于全面开展。

85.4% 的民办博物馆陈展大纲未经专家学术论证评估。陈展主题模糊，内容杂乱，形式简陋粗糙，展品只是简单罗列摆放，展线凌乱，缺乏应有的文化氛围。对展品说明等必要信息标注不全，甚或出现常识性错误。有的甚至虚构历史、迎合低俗趣味，以游戏的态度讲述历史，缺乏科学精神。个别展览赝品充斥、以假充真，误导观众。

92.9% 的民办博物馆年接待观众低于 2.4 万人次，按照每年开放时间不少于 240 天的要求，平均每天不到 100 人次。9.3% 的民办博物馆年接待观众甚至不足 1000 人次，甚至 5.4% 的民办博物馆不能正常开放。87.2% 的民博物馆没有开展社区文化服务、参与社区公益活动或参与博物馆行业协会公益活动。79.3% 的民办博物馆没有博物馆文化产品和社会教育项目。一些建立在景区内的博物馆，仅仅满足于旅游商品的销售；一些私营企业建立的博物馆，逐步成为本企业的产品陈列室。

（四）基础设施条件简陋

90.2% 民办博物馆馆舍是由住宅、办公楼、历史建筑等改头换面，个别馆甚至用地下室作馆舍。10% 的民办博物馆面积在 400 平方米以下，最小的不到 40 平方米。7% 的民办博物馆库房、展厅合为一体。有的民办博物馆设在关卡重重的企业内部，有的地处偏远、交通不便，有的因租借到期或遇拆迁而频繁迁址，开放功能无从有效实现。

公安部、国家文物局《关于进一步加强博物馆安全工作的通知》（公通字〔2011〕33 号）中提出："各省级文物主管部门要严格按照《博物馆管理办法》（文化部令第 35 号）的规定，严把博物馆设立审核关口，凡不符合国家安全规定的，不得批准设立博物馆。""对未经公安机关组织审核的技防工程方案不得施工；对未经公安机关审批验收的博物馆不得对外开放。"但是，80% 以上的民办博物馆没有必要的安防消防设施设备，通过公安部门验收的场所更是凤毛麟角。

（五）管理制度体系不健全

缺乏专门的博物馆法规。目前，实施民办博物馆管理的法规政策主要有《文物保护法》及实施条例、《民办非企业单位登记管理暂行条例》及实施办法、《税法》及实施条例、《捐赠法》和《博物馆管理办法》以及七部门《关于促进民办博物馆发展的意见》、国家文物局《关于推进国有博物馆对口支援民办博物馆工作的意见》和《民办博物馆章程示范文本（试行）》等。《博物馆管理办法》属部门规章，法律位阶偏低，仅能对文物部门的管理行为和博物馆的业务行为制定规范，而民办博物馆经营活动的税收、接受捐赠的认定和相关税收减免、藏品的获得、金融信贷方面的优惠、土地或建筑使用的优惠、行政收费的优惠等一系列问题，都要求各有关部门的相互协调，办法的法律效力显然非常有限。

准入机制亟待完善。目前民办博物馆实行业务主管部门（文物）与登记审批机关（民政）的双重管理，登记注册普遍实行审批制。《博物馆管理办法》规定，"申请设立博物馆，应当由馆址所在地市（县）级文物行政部门初审后，向省级文物行政部门提交材料"。但一些地方按照文化部、民政部联合制定的《文化类民办非企业单位登记审查管理暂行办法》，同级文物部门即可以成为审核主体，结果形成了省、市（设区的市）、县（包括县级市）三级文物行政部门同时审批博物馆设立、且下级行政部门审批意见不向省级部门报备的局面。与此同时，在各地工商部门注册的冠以"博物馆"名称的机构也屡见不鲜。更重要的是，现行规定对博物馆的准入条件只有原则性的指导意见，诸如博物馆场所面积、藏品数量、人员资质、注册资金等方面都没有量化指标，操作性不强，给实际工作带来很大难度。部分地方文物行政部门对申报材料的审查流于形式，审查意见针对性不强。并且文物行政部门与登记管理机关联动衔接不够。此外民办博物馆退出机制未真正建立，管理存在缺环，目前的退出制度只是针对民办博物馆申请注销登记的情形，对撤销登记的民办博物馆如何处理未作说明，执法面临困难。

督导、监管机制不健全。当前文物部门对博物馆的行业管理总体上不足，民办博物馆又是新鲜事物，其经费、人事、业务活动、管理体制等均独立于文物系统之外，因此对民办博物馆发展中的复杂性和艰巨性估计不足，较少考虑民办博物馆的特点和所具备的基础，缺乏针对性的长远规划、相应的制度安排和配套措施。不少地方的日常监管仅限于一年一度的博物馆年检。有些民办博物馆甚至不参加博物馆年检，只需要在当地民政部门批准年检合格，该馆即可合法运营。民办博物馆重大事项变更需审核备案的要求更是形同虚设。对于顶着民办博物馆之名，暗中从事收售出土文物，骗取国家土地、税收优惠政策的违法行为，以及大量未依法登记的"民办博物馆"擅自以博物馆名义开展活动的行为，从维护民办博物馆公益性事业的声誉，维护经济社会管理秩序出发，都需要有关部门进行整治。但目前文物部门基本没有对这些违法、违规行为的执法权，有关机关又执法不力。

民办博物馆管理不健全还表现在社会监督和评估机制待完善。近年，虽然尝试了将民办博物馆纳入博物馆评估定级体系，但自愿参与的民办博物馆数量不多。2013年开展的民办博物馆规范化建设评估活动，也有将近1/3的民办博物馆未参加。

四　对策建议

民办博物馆是社会力量参与文化遗产保护和公共文化服务的一项积极成果，是国有博物馆的有益补充。随着经济社会的快速发展，民办博物馆在公共文化服务体系构建中必将发挥越来越大的作用，发展前景日益广阔。要立足民办博物馆社会力量办馆的特点和博物馆公益性特质，明确政府、社会和民办博物馆的职能定位，确立社会力量在民办博物馆发展中的主导地位，切实履行政府职责，强化管理和服务，建立健全以评估认证为核心的制度体系，一手抓规范，一手抓扶持，推动民办博物馆完善条件，健全功能，提升水平，增强竞争力，充分发挥作用，逐步实现从数量增长到质量提高的转变。

（一）制定发展规划，引导民办博物馆科学有序发展

着眼民办博物馆发展的阶段性特征，在科学分析的基础上，结合《文物博物馆事业发展"十二五"规划》和《博物馆事业中长期发展规划纲要（2011~2020年)》实施情况，制定民办博物馆发展中长期规划，进一步明确民办博物馆的发展思路，围绕优化布局、提升质量、完善功能、彰显社会效益的目标，确立民办博物馆的发展方向、重点任务、重大项目和保障措施。鼓励发展填补博物馆门类空白和体现行业特性、区域特点的专题性博物馆，倡导发展科技类、艺术类博物馆，支持社会力量建设民俗、生态（社区）博物馆，探索、创新民办博物馆发展模式。

（二）强化体制机制建设，提升规范化水平

1. 建立评估认证制度

借鉴其他行业和国外成熟经验，制定民办博物馆认证办法。主要包括：已经依法批准设立和自行设立的民办博物馆，在自愿的前提下，均可向文物行政部门提出认证申请；文物部门委托第三方机构对其进行评估；评估合格的，由文物行政部门颁发认证证书和统一的认证标志；评估定期进行，实行优胜劣汰，评估结果向社会公布。通过认证的民办博物馆，可享受土地、财税等优惠政策和得到经费、项目扶持，并具备承接政府购买公共服务资格。在规范化建设评估的基础上，进一步完善评估指标体系，除业务工作、社会效益外，将民办博物馆是否坚持公益职能和非营利属性、拥有独立法人财产权、建立现代管理制度作为评估的重点。评估基本合格的，可列为培育对象，给予一定扶持，促其尽快达到认证标准。通过评估认证，建立约束和激励机制，引导民办博物馆规范发展。

2. 改进监管机制

坚持"谁审批、谁管理"的原则，明确管理对象。完善民办博物馆年检制度，对通过评估认证的民办博物馆（或依法设立的民办博物馆）进行年检，未通过认证（或未依法审批成立）的不列入年检范畴。对不参加年检、年检不合格或连续两年年检基本合格的，限期整改，在限定期限内仍达不到要求

的，取消其认证资格（或撤销省级文物行政部门审核同意意见书，并通报登记管理机关）。各级文物行政部门应将通过认证（或依法设立）的民办博物馆纳入行业考核体系，建立健全考核激励机制，奖优罚劣。

3. 健全准入机制

一方面可考虑以评估认证制度逐步取代目前的审批设立制度；另一方面可与民政部门联合制订民办博物馆设立办法，对民办博物馆藏品数量、场馆面积、办馆资金、专业人员等方面提出量化指标，明确博物馆审批主管部门和审批程序，指标设置应结合现有民办博物馆的发展状况。具体审批程序可分为以下四个环节：民政部门预登记；省级文物部门审核；民政部门登记；省级文物部门备案。也可考虑不单独制订民办博物馆设立办法，按照《博物馆管理办法》设置的条件，依据文化部、民政部共同颁布的《文化类民办非企业单位登记管理办法》设置的程序，由所在地市县级文物行政部门审核，同级登记管理部门审批，报省级文物行政部门备案。

（三）完善宏观政策，加大扶持力度

借鉴日本、法国、意大利、丹麦、西班牙、斯洛伐克等国制定《博物馆法》的经验，加快出台《博物馆条例》，从国家层面完善我国博物馆管理基本制度体系。

积极协调财政部门，落实《中央补助地方博物馆纪念馆免费开放专项资金管理暂行办法》关于民办博物馆的奖励规定，建立民办博物馆免费开放绩效考评制度，制定奖励资金使用和管理办法，对管理运行规范、社会效益显著的免费开放的民办博物馆，区分等次，分别给予相应奖励。在政府购买社会组织提供公共服务产品规划、目录中，将通过认证的民办博物馆列为采购对象。鼓励民办博物馆通过公平竞争，承接政府购买公共服务项目；研究设立民办博物馆发展专项资金，实施民办博物馆质量提升计划，每年开展100个左右民办博物馆的质量提升项目，重点帮扶藏品保护达标、展示服务功能提升。通过认证的民办博物馆应优先实施。造就一批法人治理规范、业务基础扎实、社会功能健全、具有竞争力的民办博物馆。

积极协调财税、土地、建设（规划）等部门，推广地方落实国家相关财税和土地优惠政策、扶持民办博物馆发展的成熟经验，明确民办博物馆比照国有博物馆享受公益性事业单位土地、税收、规费等方面的优惠待遇，用电、用水、用气、供暖价格执行当地居民标准，降低民办博物馆运营成本。完善捐赠减免税收的制度，激发全社会向民办博物馆捐赠的积极性。鼓励有条件的地方设立民办博物馆发展专项经费，对民办博物馆馆舍建设和租赁、陈列布展、展览交流、社会服务、学术研究、设施配备等给予补贴或奖励。

积极协调民政等部门，研究设立全国性民办博物馆发展基金会，或在现有社会公益性质基金会中将民办博物馆列入相关基金项目支持范围；鼓励民办博物馆申请设立博物馆基金会，向社会募集办馆资金，形成社会力量为主的长效支持机制。通过适当方式，明确民办博物馆因撤销而终止，藏品等财产的清算、处置办法。

积极协调文化、旅游等部门，将民办博物馆纳入文化产业发展规划和旅游发展规划，给予项目优待扶持，推动博物馆事业与文化产业、旅游发展深度融合、互利共赢。鼓励民办博物馆依托自身资源，大力开发符合市场需求、体现博物馆特色、具有文化品位的文化产品和服务项目，取得合理收益，增强自身的造血机能。

（四）加强业务指导，推进专业化建设

省级文物行政部门要建立民办博物馆藏品巡回鉴定制度，定期组织专家或委托法定文物鉴定机构（或有资质的其他行业鉴定机构）对民办博物馆藏品进行定级，为陈展、研究和社会服务提供可靠支撑。要指导督促民办博物馆建立健全藏品管理制度，建立和完善藏品账目、档案，实行分级、分类、分库、上架保管，逐步达到国家、行业相关标准要求。

加强对民办博物馆基本陈列大纲论证评估，建立陈展内容审核制度，重点对陈展主题、展品真实性以及展览信息的科学性、完整性和准确性进行把关，确保陈列展览富有特色，符合先进的价值导向，切实体现办馆宗旨，实现教育目标。鼓励民办博物馆与其他民办博物馆、国有博物馆进行借展、合作办展、互换展览，实现优势互补，增强文化产品供给能力。鼓励民办博物馆参加全国博物馆十大陈列展览精品评选，并可考虑为民办博物馆陈列展览单独设立奖项的可能性，发挥精品工程的分类指导、示范引领作用。

深化国有博物馆对口帮扶民办博物馆。各地要制定对口帮扶规划和年度

实施计划，鼓励国有博物馆与民办博物馆建立协作共进关系，重点帮扶通过认证和列为培育对象的民办博物馆，形成常态化的对口帮扶机制。要发挥国家一、二、三级博物馆的示范作用，强化对民办博物馆业务活动和管理运行基本规范的帮扶，以及从业人员职业道德、行业规范、业务素质和综合能力的培养。鼓励有条件的国有博物馆为不具备基本保管条件的民办博物馆提供珍贵藏品"代管"服务。

加强博物馆、民办博物馆行业协会建设，发挥博物馆协会、民办博物馆专业委员会的桥梁纽带和行业指导监管作用。鼓励民办博物馆数量较多的地区成立区域性民办博物馆协会。鼓励民办博物馆加入行业协会，促进行业自律。

（五）强化基础工作，提升可持续发展能力

加强人才培养。文物行政部门应将民办博物馆人才培养作为行业人才队伍建设的重要内容，纳入人才培养规划和计划。积极支持和吸纳民办博物馆馆长、专业人员参加文物部门、博物馆行业协会举办的专题培训、业务交流活动。要将民办博物馆从业人员纳入职称评定体系，并在评奖评级、项目申报、信息资料共享等方面与国有博物馆同等待遇。

健全管理制度。指导民办博物馆按照法律法规、行业标准规范，立足于完善职能和功能，建立健全内部管理制度，重点完善安全责任、藏品管理、陈列展览、科学研究、社会服务、人事管理、财务管理、信息公开等相关规章制度，确保各项工作依法、合规、有序开展。

改善硬件设施。加强对民办博物馆设立的现场审核，馆舍等硬件设施达不到设立标准的，不予出具审核同意意见书。申请民办博物馆认证的，不予受理。对新建民办博物馆，实行建筑设计方案审核论证制度，确保馆舍建筑达到《博物馆建筑设计规范》的基本要求。对已经成立的民办博物馆，督促指导其改进完善，逐步达到规范要求。

理顺举办者与民办博物馆法人关系，保障民办博物馆独立科学运转。一是落实民办博物馆法人财产权。借鉴民办学校法人财产管理经验，文物、民政、财政、税务、土地等部门研究制定《民办博物馆法人财产权管理办法》，明晰民办博物馆的法人财产构成，界定民办博物馆的法人财产权，规范民办

博物馆法人财产认定和过户，确立民办博物馆资产管理制度。二是完善理事会制度。鼓励民办博物馆充分吸纳社会人士代表、具备博物馆管理从业经验的人员参加理事会。民办博物馆接受政府资助或有政府财产投入的，其理事会宜有政府代表或政府指派的人员参加。三是落实民办博物馆章程。民办博物馆制定章程，要涵盖《民办博物馆章程示范文本》的全部要点。特别是要坚持公益性和非营利属性，民办博物馆的藏品在民办博物馆存续期间不得进入流通领域，民办博物馆征集的藏品属民办博物馆所有，民办博物馆落实法人治理情况应向社会公布，举办者有继续投入和保障博物馆正常运转的责任和义务。

巩固民办博物馆发展的社会基础，鼓励民办博物馆积极通过实行会员制，招募博物馆之友、志愿者等途径，广拓社会力量参与、支持博物馆发展，充分发挥社会对民办博物馆的支撑作用。

（六）加大宣传力度，营造良好的社会舆论环境。

充分利用传统媒体和新媒体，广泛深入宣传政府规范引导和鼓励支持民办博物馆发展的方针政策、制度规范和具体措施和实施效果。中国文物报、中国文物信息网、中国博物馆杂志等专业媒体应切实发出响亮声音，同时通过大众传媒，宣传民办博物馆中涌现出的先进典型，曝光民办博物馆中出现的反面案例，引导全社会理性看待、正确认识民办博物馆，积极参与支持民办博物馆发展。要增强对民办博物馆属性的认识，强调博物馆非营利的永久的公益性文化机构性质，按照博物馆法规和国际博物馆职业道德规范和行为准则，不断的引导和规范民办博物馆的行为，坚守其公共性、公益性和非营利性及科学性的底线，确立正确的收藏观和经营理念，促进民办博物馆更好更快发展。

关于民办博物馆规范化建设的调研报告

国家文物局博物馆与社会文物司
中国文物报社　中国博物馆协会

内容摘要：为探索促进民办博物馆规范化建设的方法和途径，国家文物局委托中国文物报社联合中国博物馆协会开展了"民办博物馆行为规范评估"的专项调研。报告总结了近年来民办博物馆规范化建设的主要成果，分析了当前民办博物馆规范化建设存在的主要问题及其原因，提出了加强民办博物馆规范化建设的相关建议。

随着国家体制改革的深化，从单一体制社会向公民社会的转型，我国的各种社会组织蓬勃发展起来。这些社会组织承接了体制转型中剥离出来的许多公共职能，成为政府联系社会公众的桥梁和纽带，促进社会建设的一支重要力量。民办博物馆作为一种新型社会组织在这种政策和社会环境下培育和发展起来，且势头强劲，成为当前我国博物馆事业发展中的一个亮点。民办博物馆是社会力量参与文化遗产保护的一种重要形式，在抢救保护祖国文化遗产特别是收集保藏散存民间难以计数的传统物件、丰富博物馆类型、促进博物馆大众化、提供多样性文化服务等方面发挥着越来越大的作用，是中国特色博物馆事业的重要组成部分。

由于我国数量众多的民办博物馆尚处在一个相对弱质的起步阶段，普遍存在社会影响力不足、资金筹措能力弱、规范化程度低等问题，这些问题关乎民办博物馆的长久生存发展，关乎民办博物馆的社会形象和文化服务功能的有效发挥，是一些必须重点关注和解决的基本问题。

为探索促进民办博物馆规范化建设的方法和途径，提高民办博物馆的规范化水平，根据国家文物局《关于委托开展民办博物馆行为规范评估工作的函》（文物博函〔2013〕713号），中国文物报社联合中国博物馆协会，承担了以"民办博物馆行为规范评估"为主题的专项调研。2013年6～9月，经收集整理和分析国内外有关民办博物馆文献资料、编制民办博物馆规范化建设评估指标体系、开展民办博物馆规范化建设评估、部分民办博物馆实地调研等工作环节，对我国民办博物馆的发展现状、存在的主要问题、当前民办博物馆规范化建设的重点、难点等进行了比较系统深入的调研，形成了调研报告，以供决策参考。

一　民办博物馆的行为规范与规范化建设

（一）民办博物馆的社会身份

目前，我国民办博物馆在登记机关一般登记为民办非企业单位。"民办非企业单位是指企业事业单位、社会团体和其他社会力量以及公民个人利用非国有资产举办的，从事非营利性社会服务活动的社会组织。"民办非企业单位包括法人、合伙和个人三种类型。而根据《关于促进民办博物馆发展的意见》（文物博发〔2010〕11号），"民办博物馆是为了教育、研究、欣赏的目的，由社会力量利用非国有文物、标本、资料等资产依法设立并取得法人资格，向公众开放的非营利性社会服务机构"。民办博物馆属于法人类型。因此，我国的民办博物馆在国家管理体制中的身份定位是法人型民办非企业单位。对这一身份可以从三个方面加以理解：民办博物馆是法人；民办博物馆是民办非企业单位；民办博物馆是博物馆。这三重身份，是对民办博物馆扮演社会角色的法律定位，确定了其宗旨、目标、职能和任务，确立了其业务范畴及行为规范的适用范围。

1. 民办博物馆是法人

法人是指具有民事权利能力和民事行为能力，依法独立享有民事权利、承担民事义务的组织。民办博物馆作为具有独立法人资格的"人"，有四个方面的基本特征：一是依法成立。民办博物馆应当依照《民办非企业单位登记管理暂行条例》的规定，经博物馆主管部门审查同意后，报民办非企业单位登记管理机关登记，才能取得民办博物馆法人资格。二是拥有独立的财产或者经费。这是民办博物馆作为独立主体存在的基础和前提条件，也是民办博物馆独立地享有民事权利和承担民事义务的物质基础。三是独立承担民事责任。由于博物馆法人的财产与博物馆创立人的财产、法人成员的财产或其他法人的财产是相互独立的，因此，民办博物馆的创立人、法人成员或其他法人对民办博物馆的债务不承担责任，而应由民办博物馆以自己的财产承担民事责任（民办博物馆对其藏品的处置权限具有特殊规定）。四是以自身名义参加民事活动。这是民办博物馆人格独立于其创办者、法人成员以及其他法人或组织，具有做事独立性的明证。

2. 民办博物馆是民办非企业单位

《民办非企业单位登记管理暂行条例》第一次将"民办非企业单位"这一术语确定为法律概念，法人型民办非企业单位因此也成为《民法通则》四种法人类型（机关法人、企业法人、事业单位法人、社会团体法人）之外的新型法人。"民办非企业单位"属于我国独创的概念，对其法人归类尚存在明显争议，但对其举办资产的"非国有性"和服务目标的"非营利性"的法律定位并无异议。民办博物馆作为民办机构，应当始终强调由社会力量自愿办馆、自筹资金、自负责任、自主管理；作为非营利性社会服务机构，应当始终坚持非营利性质，不得进行利润分配。

3. 民办博物馆是博物馆

民办博物馆是博物馆，强调了民办博物馆相对于其他民办非企业单位类型所具有的独特性。博物馆"是指收藏、保护、研究、展示人类活动和自然环境的见证物，经过文物行政部门审核、相关行政部门批准许可取得法人资格，向公众开放的非营利性社会服务机构"。博物馆在藏品收藏、库存、建档、提用，藏品保护与修复，藏品科技与学术研究，陈列展览与观众服务，以及安全防范和职业道德等方面，遵循着一系列基本的职业规范和标准，以保证博物馆的专业品质。

（二）民办博物馆的行为规范

行为规范是指社会组织或个人在参与社会活动中所应遵循的准则或标准，包括道德规范、法律规范、技术规范等。行为规范是一个复杂的系统，不同的社会组织，既要遵行社会普遍的行为规范，还要遵守该类组织特有的社会规范。民办博物馆的行为规范，在这里特指民办博物馆作为一种社会组织应当遵守的行业、职业特有行为规范。民办博物馆既要符合博物馆的行为规范，也要符合民办非企业单位的行为规范。具体讲，民办博物馆作为法律拟制的"人"，其行为能力受到三个方面的限制：一是受民办博物馆性质的限制。民办博物馆的性质在成立时已在各馆的章程中明确载入，其中最主要的一条，民办博物馆是非营利性社会组织。二是受民办博物馆相关法律和法规规章的限制。三是受民办博物馆目标范围的限制。换言之，民办博物馆需要遵守民办非企业法人规范、博物馆专业规范和相关自律规范。这些规范相互联系，共同构成规范体系，成为衡量民办博物馆行为是否规范的基本准则。

(三) 民办博物馆的规范化建设

民办博物馆的规范化建设，系指通过多种方法和手段，激励、引导民办博物馆在自我定位和达成组织目标的一系列环节和过程中，自觉遵守相关的行业、职业道德、法律法规、专业技术准则，从而帮助民办博物馆自我改进，促进自治能力和制度化、专业化水平的提高，以实现规范化和可持续发展。

民办博物馆规范化建设的目标是实现民办博物馆的依法合规运行，即无论是法人行为还是专业行为，都达到规范的程度。规范化的时间幅度应当涵盖民办博物馆从设立到博物馆法人终止的整个周期。从规范的强制性程度来看，既包括设立审核登记、法人治理和业务活动中的强制性规范要求，也涉及来自行业组织和社会公众评价等方面的自律性和道德性规范要求。从规范主体来看，规范化建设不仅仅关乎民办博物馆自身，而是涉及多个相关主体。以其中的强制性规范来说，规范化建设的实施主要涉及三个方面的主体，首先是规范的制定主体（立法部门），其次是规范的执行主体（各民办博物馆），然后是规范执行的监管主体（多个行政部门）。实践中，由于行政部门具有行使准立法的职能，众多的法规政策和标准都由行政部门制定，有关民办博物馆的规范渊源也是如此。这样，民办博物馆规范化建设事项，主要涉及民办博物馆和相关行政部门两个主体，前者的重点是是否依规范行为，后者的重点是是否制定了适合的规范以及是否依法履行了适当的监管、指导职能。

民办博物馆规范化建设涉及多项管理内容、多个管理主体、多件法律法规政策，本调研主要局限于与博物馆行业管理职能有关的部分。

二 近年来民办博物馆规范化建设的主要成果

（一）民办博物馆管理法规政策体系初步形成

一是国务院和有关部门积极出台规范、促进民办博物馆发展的有关法规政策文件。由《民办非企业法人登记管理暂行条例》和《博物馆管理办法》中的有关规定为核心构成了我国现行的民办博物馆准入制度。由国家文物局等七部门联合印发的《关于促进民办博物馆发展的意见》就规范、扶持民办博物馆提出了一系列明确的意见。国家文物局印发的《民办博物馆章程示范文本》对民办博物馆的设立、举办者责任、法人治理、内部组织管理、藏品管理、财务管理、终止等情形提出了明确要求；《关于推进国有博物馆对口支援民办博物馆工作的意见》明确了国有博物馆对口支援民办博物馆工作的目标、范围、内容和要求，建立了国有博物馆对口支援民办博物馆的长效机制；《国家文物博物馆事业发展"十二五"规划》提出到 2015 年，法人治理结构规范化、管理专业化的民办博物馆建设率达到 10%；《博物馆事业中长期发展规划纲要（2011~2020 年)》提出到 2020 年，民办博物馆占全国博物馆比例逐步达到 20%，涌现出一批专业化程度高、社会影响力强的优秀民办博物馆。这些法规、规章和规范性文件构成了国家层面对民办博物馆设立、运行、发展的基本法规制度框架，做到了有法可依。

二是各地扶持规范民办博物馆发展政策力度显著加大。据不完全统计，截至 2013 年 9 月，全国省级、地市级、县级等不同行政级别、不同制定主体所制定颁布的有关扶持规范民办博物馆的政策文件共计 41 个；各地目前正在编制中的扶持规范民办博物馆专门文件至少还有 12 个。在已经出台的 41 个文件中，按照出台年份分，2005 年 2 个，2006 年 2 个，2008 年 4 个，2009 年 2 个，2010 年 9 个，2011 年 6 个，2012 年 4 个，2013 年 11 个。很明显，2010 年国家文物局等七部门联合出台的《关于促进民办博物馆发展的意见》，对各地出台相关文件起到了明显的推动作用，且这种势头仍在继续。按照文件题目中包含的主题关键词划分，在 41 个文件中，促进、鼓励、扶持类 22 个，扶持专项资金使用管理办法或细则类 7 个，两项共计 29 个；管理办法综合类 9 个，设立审核办法类 1 个，两项共计 10 个；发展规划和建设实施方案类 2 个。从文件内容看，促进、鼓励、扶持类中有管理规范方面的规定，在管理类的文件中也有促进鼓励扶持的规定，但各自强调的倾向性是比较明显的，总体而言是促进鼓励的比重明显大于规范的比重。这些政策措施从政策、资金、人才、运行管理等方面支持、鼓励和引导民办博物馆健康发展，起到了重要的推动作用。

（二）民办博物馆设立审核制度日益深化

民办博物馆的准入包括设立审核和成立登记两个环节，相应的条件包括设立条件和登记条件。目前我国没有专门的民办博物馆设立审核和登记管理规定，而是执行《博物馆管理办法》中的普通博物馆设立条件和《民办非企业单位登记管理暂行条例》中民办非企业单位的成立登记条件，二者要求各有侧重，构成设立审查的要件和成立登记的要件，是民办博物馆从筹备到成为法人必须经过的两道坎。换言之，两个法规规章为民办博物馆的设立审核和成立审批提供了法律依据。

在设立审核方面，《博物馆管理办法》第九条规定，"申请设立博物馆，应当具备下列条件：（一）具有固定的馆址，设置专用的展厅（室）、库房和文物保护技术场所，展厅（室）面积与展览规模相适应，展览环境适宜对公众开放；（二）具有必要的办馆资金和保障博物馆运行的经费；（三）具有与办馆宗旨相符合、一定数量和成系统的藏品及必要的研究资料；（四）具有与办馆宗旨相符合的专业技术和管理人员；（五）具有符合国家规定的安全和消防设施；（六）能够独立承担民事责任"。其中的第（六）项"能够独立承担民事责任"是成立后的法人所具备的特征之一，而不应当是成立前的条件，所以在有可能于近期出台的《博物馆条例（草案）》中对博物馆设立条件的规定删除了该项内容。这些规定为民办博物馆的准入审核提供了法律依据。各地根据该《办法》的有关规定，积极进行了深化探索。北京、上海、天津、浙江、陕西、四川、江苏、湖南、辽宁等省市近年来在民办博物馆准入审核中持续加大了对申办资料的审核力度，并积极推进派遣专家现场评估核实的做法，不同程度取得实效，也为建立全国统一的准入审核制度标准提供了宝贵经验。例如，北京市人民政府于 1993 年就出台《北京市博物馆登记暂行办法》，对包括民办博物馆在内的博物馆登记审核做出了具体规定，在全国首开由文物行政主管部门依法批准建立民办博物馆的先河。北京市文物部门严格坚持公立馆与民办馆用同一标准登记审核，确保民办博物馆的水准不低于公立博物馆，从源头上保证民办博物馆的质量；对申办民办博物馆在咨询时采取先期介入方式提供服务和指导，使民办博物馆从筹建之时就按照博物馆的规律和规范开展工作；对准予注册的民办博物馆指导其完成法人登记、申领发票、筹备开放等工作，特别是将民办博物馆的相关业务纳入全市统一组织的各类博物馆活动中；对某些涉及重大历史事件、历史阶段、特定人物等题材的申办者，在保护其办馆积极性的前提下注重做好疏导工作，原则上不批准举办特定主题的民办博物馆，确保正确导向。上海市不仅在准入阶段强化审核把关，在运行管理方面也制定了详尽的扶持和规范资金使用等相关文件，做到全流程管理。

（三）加强对民办博物馆业务指导取得明显效果

2010 年以来，国家文物局先后在成都、宁波等地举办民办博物馆馆长培训班，持续对民办博物馆负责人进行法律法规和业务培训。2011 年国家文物局启动国有博物馆帮扶民办博物馆试点，上海市积极推进"上海博物馆帮扶上海琉璃艺术博物馆藏品保管提升"试点项目，在分析总结试点项目基础上形成《国有博物馆对口帮扶民办博物馆规划》和《国有博物馆对口帮扶民办博物馆管理办法》，从完善法律法规和健全体制机制着手，深入探索支持民办博物馆的长远模式和长效机制。浙江省下发《关于国有博物馆对口帮扶民办博物馆试点工作的实施意见》，召开"国有博物馆对口帮扶民办博物馆试点工作会议"，2012 年省财政支持 300 多万元帮扶补助资金已到位，8 组结对博物馆帮扶工作已有序展开并取得一定实效，2013 年底省文物局将会同省财政厅对帮扶项目进行实地验收，评估帮扶效果。陕西省鼓励国有文博单位离退休专业技术人员到民办博物馆工作，陕西历史博物馆、西安半坡博物馆、西安市文物保护研究院多位专家和领导干部分别参与到西安大唐西市博物馆、关中民俗艺术博物院、西安美都艺术博物馆、西安曲江艺术博物馆等民办博物馆的管理，甚至担任馆长等职务。青岛市文物局组织专家指导胶州九兴博物馆、青岛冯氏钢琴艺术博物馆进行展览改造，提高展示服务水平，并引导辖区内民办博物馆积极开展进社区、进农村、进学校、进企事业、进军（警）营活动，发挥了民办博物馆的社会效益。

湖北、湖南、广东、四川、吉林、黑龙江等省份以国有博物馆与民办博物馆"一对一"帮扶的模式，通过对藏品保护制度建设、陈列展览设计制作、专业和管理人员培训、社会服务活动开展等方面手把手的指导、培训，有力地带动了各地民办博物馆业务规范化建设工作。

（四）民办博物馆自身建设能力不断增强

作为我国博物馆领域的一支新生力量，众多民办博物馆成立之后，进行着不懈的努力，为中国特色民办博物馆事业发展筚路蓝缕。例如，由西安大唐西市博物馆牵头组织的民办博物馆发展论坛已连续举办三届，多家民办博物馆馆长、管理人员和专家学者围绕民办博物馆的使命、管理和业务提升等展开深入讨论，出版论文集；中国博物馆协会成立民办博物馆专业委员会，推进行业自律和公益服务；四川建川博物馆馆长樊建川已签署遗嘱并经公证，拟在他去世后将所有藏品无偿捐献给国家，四川华希昆虫博物馆负责人也表示了类似的意愿，等等。这些举措，体现并唤起了越来越多的民办博物馆人进一步增强对博物馆办馆宗旨和博物馆职业道德规范、行为准则的认识，民办博物馆的公益责任感、办馆行为规范意识和服务社会意识得到不断增强。目前已有8家民办博物馆跻身国家二、三级博物馆行列，显示了民办博物馆专业规范化水平的显著提升。

三　当前民办博物馆规范化建设存在的主要问题

（一）在行业管理层面，法规政策和监管制度尚不健全

目前我国尚无专门的博物馆法律或法规。部门规章《博物馆管理办法》由于法律位阶偏低，其中的一些规定特别是涉及文博行业以外的政策扶持、法人行为监管等方面的内容难以实施。2010年七部门发布的《关于促进民办

博物馆发展的意见》，突破了仅有个别部门关注和参与民办博物馆管理的局面，但同时，各部门联合发文也说明了民办博物馆的管理目前遇到了困难，且缺乏强有力的解决办法，需要多部门"会诊"。从《意见》的作用看，主要具有倡导、引导和说服功能，但不具有强制性功能，因此《意见》中的内容需要制定有关领域的具体政策措施分别予以实现，或制定高位阶的法律法规统筹解决。法规政策和监管制度不健全突出表现在：

1. 准入审核制度存在缺陷

设立审核主体不统一。《民办非企业单位登记管理暂行条例》第五条规定："国务院民政部门和县级以上地方各级人民政府民政部门是本级人民政府的民办非企业单位登记管理机关。国务院有关部门和县级以上地方各级人民政府的有关部门、国务院或者县级以上地方各级人民政府授权的组织，是有关行业、业务范围内民办非企业单位的业务主管单位。"从中可以推断，县级及以上博物馆业务主管部门都是民办博物馆的设立审查主体，这一点在文化部和民政部联合制定的《文化类民办非企业单位登记审查管理暂行办法》中做了更加明确的规定。加之一些基层文物行政部门没有独立，多为文化广电新闻出版局、文化体育局等的内设处室，县级文化部门即可以成为民办博物馆的审核、批准主体，目前已形成省、市、县三级文化、文物部门同时审批博物馆设立、且存在下级行政部门审批意见不向上级部门报备的局面。一部分地区的文化行政部门还将民办博物馆列为民办非企业的社团法人管理，其审批和管理职能划归办公室、综合处、人事处或法规处等，而非归口文物博物馆管理部门，造成审批、行政管理与业务管理的脱节。更为重要的是，多级审批主体的现状与《博物馆管理办法》由省级文物部门履行博物馆设立审批的规定相矛盾。从现实实践来看，目前民办博物馆的设立审查由市、县级文化文物部门负责的条件并不成熟，因为市县级缺乏设立审查的基本专业力量。

成立登记主体不统一。根据《民办非企业单位登记管理暂行条例》的规定，除民政部门外，其他部门无权向民办非企业单位登记和颁发证书。为了解决在该《条例》颁布前业已存在的民办非企业性质单位的管理，《条例》第十二条第二款规定："依照法律、其他行政法规规定，经有关主管部门依法审核或者登记，已经取得相应的执业许可证书的民办非企业单位，登记管理机关应当简化登记手续，凭有关主管部门出具的执业许可证明文件，发给相应的民办非企业单位登记证书。"为了落实该项规定，在《民办非企业单位登记暂行办法》（民政部令〔1999〕18 号）第十条中规定："条例施行前已经成立的民办非企业单位，应当依照条例及本办法的规定办理申请登记。已在各级人民政府的编制部门或工商行政管理部门注册登记的民办非企业单位办理补办登记手续，还应向登记管理机关提交编制部门或工商行政管理部门准予注销的证明文件。"但目前在每年的年检中都可以看到民办博物馆的登记机关栏中除民政部门外，还有相当比例填报为工商部门或文化、文物部门等，甚至尚未登记的民办博物馆也被纳入年检范围的情况也非个例。从 2011 年全国民办博物馆年检填表情况看，在 530 余家参加年检的民办博物馆中至少有 53 家是在工商部门登记注册，比例高达 10%。这些民办博物馆成立年份从 1991 年到 2011 年，涉及北京、山西、辽宁、吉林、黑龙江、江苏、浙江、安徽、河南、湖北、广东、四川、贵州、云南、陕西、宁夏等省（区、市），因此其原因不仅是成立时间早而造成的，也不仅是个别省份的个别现象。有一种观点认为，目前法律法规中没有规定博物馆不能登记为企业法人，法律法规及国务院的决定中也没有要求博物馆应当经文物部门审批后才能在工商部门登记为企业法人。这是一个重大分歧，不能忽视，它不仅与博物馆非营利属性的传统定位产生冲突，也会动摇其他博物馆严守的职业道德根基，因此需要认真对待、深入研究并妥善解决。

审批主体与登记主体职能层级划分规定不一致。《民办非企业单位登记管理暂行条例》第六条规定："登记管理机关负责同级业务主管单位审查同意的民办非企业单位的登记管理。"联系第五条的规定，对民办非企业单位登记管理实行的是分级管理的原则，即省级登记管理机关负责全省性的民办非企业单位登记和监督管理，设区市登记管理机关负责全市性的民办非企业单位的登记和监督管理，县级登记管理机关负责全县性的民办非企业单位的登记和监督管理，且相关业务部门的审查和监管也与此相对应。但是，按照《博物馆管理办法》的规定，仅有省级文物部门具备民办博物馆设立审查的资格，这与《条例》的规定不一致。在管理实务中，普遍情况是民办博物馆经省级文物部门审核同意后，再到相应层级的民政部门进行登记。虽然规定不一致，不过这方面目前未造成明显混乱。文物部门的日常业务监管和指导职能则按层级划分，与《条例》规定保持了一致。

2. 设立条件规定不明晰

现行规定对博物馆的准入条件只有原则性的指导意见，诸如博物馆场所面积、藏品数量、人员资质等方面都没有量化指标，操作性不强，给实际工作带来很大难度，各地审核博物馆设立的标准难以统一，对于报批材料的甄别也存在困难。例如，在"馆舍所有权或使用权证明"上，有的申办人仅提供了未经公证的房屋租赁协议，其中个别的房屋租赁时间仅为两年甚至更短，还出现了即将搬迁的地区为获得地块或房产补贴，临时申请设立博物馆的情况。设立条件的规定过于原则，造成在民办博物馆设立审核中各地"八仙过海"，自由裁量幅度过大，使各地依法成立的博物馆良莠不齐，质量差异明显。

3. 运营监管不到位

《博物馆管理办法》第十五条规定，博物馆应当接受年度检查。但年检目前只能停留在接收文字材料阶段，没有力量进行实地检查和复核。非国有博物馆的经费、人事、业务活动、管理体制等均独立于文物系统之外，文物部门很难对其进行监督管理，有些博物馆甚至不参加博物馆年检，只需在当地民政部门批准年检合格即可合法运营。重大事项变更需审核备案的要求更是形同虚设。年检制度、重大事项变更的审核备案制度没有贯彻到实处，导致对民办博物馆的数量和情况一直处于含混不清的状态，各级行政部门都无法对民办博物馆的管理、运行进行有效的服务和监管。

4. 退出机制未形成

《博物馆管理办法》中规定："博物馆违反本办法规定，情节严重的，由所在地省级文物行政部门撤销审核同意意见，由相关行政部门撤销博物馆法人资格。"事实上，不少民办博物馆没有发挥博物馆应有的职能、履行应尽的义务，个别博物馆甚至有违法行为。面对地方部门追求博物馆数量的绝对值只能增长不能减少的背景，加之博物馆的退出机制、程序含糊，全国的民办博物馆数量尽管不断增加，而不符合规定、没有发挥社会作用的博物馆依然无法通过正常的行政手段予以注销。

5. 地方政策措施不配套

有些地方制定了民办博物馆《管理办法》缺少《扶持意见》，有的地方出台了《扶持意见》缺少《管理办法》；有的省级文物部门出台了政策，市、县级没有出台相应配套措施；有的市、县级出台了相应政策，省级还未出台；有的地方早于国家出台了政策，在国家出台政策后没有及时进行修订和调整。同时，无论是《管理办法》还是《扶持意见》，都没有刚性地在各地形成省、市、县完整的政策、措施体系。特别是促进扶持类文件多、管理规范类文件少，容易产生重扶持轻规范的倾向性信息，对民办博物馆规范化建设造成不利。

（二）民办博物馆自身层面，办馆水平整体偏低

1. 基础设施条件普遍差

部分民办博物馆不具备固定馆址。临时租借房屋，连年"打游击"。由于博物馆面对的是不确定的观众，馆址的固定性比对民办学校、民办医疗机构都要重要，实际上这部分民办博物馆并不具备办馆条件。

安全不达标现象普遍。在设立审查中，有的申办人仅提供场馆安装的简易灭火器、摄像头的说明；有关将整栋办公楼的安防验收证明作为设立于办公楼中的博物馆的安防证明提交，对藏品库房、展厅等特殊部位的安全要求并未给予考虑。这些情况表明，民办博物馆的安全达标情况普遍存疑，安全隐患普遍存在。民办博物馆也应当执行公安部、国家文物局《关于进一步加强博物馆安全工作的通知》（公通字〔2011〕33号）中关于"对未经公安机关审批验收的博物馆不得对外开放"的规定。这一点，大部分民办博物馆目前都没有达到。

部分馆展厅面积狭小。由于《博物馆管理办法》对展厅面积没有明确要求，文物部门不能以展厅面积狭小为由拒绝批准，一些小规模的收藏馆可能因此进入了博物馆的行列。

部分民办博物馆不具备对公众开放的条件。如在企业内部办公大楼里、高档园区或厂矿园区内、甚至在酒店里开办的"博物馆"，日常并不接待普通观众，但它们却进入了民办博物馆的名录中，这部分民办博物馆数量并非很少。

2. 办馆资金和运行经费与举办者财产的分割不清晰

例如有些设立申请人在提交"资金来源证明或验资报告"时，企业把营

业执照或验资报告、个人申办者把银行存款单作为其设立博物馆的资金来源证明。实际上，企业的验资报告并不能代替民办博物馆的验资报告，如果等同了，就证明民办博物馆不具备独立财产权，因此也不成其为独立法人；个人银行存款单等证明文件所展示的资金也并不一定必然成为"具有必要的办馆资金和保障博物馆运行的经费"，且如果二者等同，只能说明该博物馆是个人收藏馆而非法人单位。这种"蒙混过关"可能对所成立的民办博物馆法人的独立性从源头就造成了伤害。在设立审查和登记审查要求提交的相关规定中，都包含了对办馆资金或财产的要求。在《民办非企业单位登记暂行办法》第五条中对相关内容作了更为详细的规定："民办非企业单位必须拥有与其业务活动相适应的合法财产，且其合法财产中的非国有资产份额不得低于总财产的三分之二。开办资金必须达到本行（事）业所规定的最低限额。"这里要特别强调的是，由于"业务主管单位的批准文件，应当包括对举办者章程草案、资金情况（特别是资产的非国有性）、拟任法定代表人或单位负责人基本情况、从业人员资格、场所设备、组织机构等内容的审查结论。"文物部门对申请的民办博物馆举办资金情况的审查结论，登记部门可能会直接采信，所以设立审查阶段对财产情况的把关应当严加把握。

3. 文物藏品真假不清和来源不明情况普遍存在

由于民办博物馆藏品主要源于民间收藏，来源是否合法在多数情况下只能靠收藏者自证；民办博物馆的收藏渠道没有国有博物馆那样规范，社会上复仿制品的大量存在，导致民办博物馆部分藏品的真实性存疑；在设立审查中由于多种原因往往做不到由专家现场对所有藏品进行详细鉴定，使藏品合法来源与真假问题一直伴随着成立以后的民办博物馆。虽然这种现象仅主要发生在以文物为藏品的民办博物馆中，但由于社会关注度高，民办博物馆藏品以假乱真、以举办博物馆的方式将非法所得文物"洗白"等社会舆论已"殃及鱼池"，影响到整个民办博物馆的品质和形象。

4. 专业化水平不高

专业技术和管理人员缺乏。民办博物馆专职人员数量偏少，且有些是企业等相关机构的兼职人员，不稳定；管理者和职员少有受过博物馆及藏品相关领域专业训练者，导致博物馆专业规范化水平普遍偏低。对作为法人登记的博物馆在专职人员数量和稳定性方面提出最低标准要求似乎很有必要。

藏品保护管理和研究能力弱。藏品账目不清、来源不明、档案不全的现象普遍存在；藏品资料档案、研究成果严重缺乏；库房管理、提用等缺乏应有的规章制度；藏品保护修复、科技研究和学术研究除了极个别馆以外，基本上还处于空白。

陈列展览水平普遍较低。民办博物馆的举办者大多对博物馆陈列展览比较陌生，举办的陈列展览普遍缺乏专业水准，主题模糊，内容杂乱，标注不清，基本没有科技手段，参观路线混乱，缺乏对观众的吸引力。大部分民办博物馆陈列展览常年不变，缺少临时展览，有的甚至没有基本陈列。

社会服务功能难以正常发挥。不少民办博物馆建立后，因运行经费不足等原因导致无法正常开放，例如，目前陕西省 42 家注册民办博物馆中，有 25% 左右不能坚持正常开放。一些民办博物馆被当做个人收藏文物、朋友聚会交流的私人会所，缺乏接受社会监督与参与的开放意识和机制；一些建立在景区内的博物馆，仅仅满足于旅游商品的销售；一些私营企业建立的博物馆，仅仅是本企业的产品陈列室。大部分民办博物馆都没有开展社区文化服务、参与社区公益活动、参与博物馆行业协会公益活动，没有博物馆文化产品、社会教育项目，没有提供必要的讲解导览，没有独立的网站。

5. 部分民办博物馆目标宗旨与非营利性质不符

非营利组织不以营利为目的，而是为了实现整个社会或一定范围内的公共利益。民办博物馆可以开展一定形式的经营业务，但经营剩余收入不能作为利润在成员之间分配，只能用于博物馆所开展的各种社会活动以及自身的发展。当前一部分民办博物馆虽然登记为民办非企业单位，但其目标宗旨与此不符。例如，有关资料反映，湖南凤凰山江苗族博物馆将博物馆收益分成比例直接写入其章程；湖南郴州市白银艺术博物馆本身即为股份有限公司；四川成都市许燎源现代设计艺术馆注册登记为民办非企业单位，但章程为合伙性质。不少民办博物馆属于"前馆后店"，藏品展示和产品生产一体化，民办博物馆自身的公益目标和行为独立性缺失，成为附属物，甚至仅起到产品展示馆的功能。

6. 部分民办博物馆涉嫌超业务范围经营

民办博物馆的业务范围是藏品收藏、陈列展览、学术研究、社会教育。

实践中，有些民办博物馆擅自超越业务范围。例如，据有关资料，成都市许燎源现代设计艺术馆章程中没有关于收藏功能的表述，主要是进行艺术品生产和销售活动；江苏镇江永泰昌博物馆举办文物商店；江苏常州武进区湖塘博物馆参与举办文物拍卖活动。后二者直接违反了《文物保护法》第五十五条第二款"文物收藏单位不得举办或者参与举办文物商店或者经营文物拍卖的拍卖企业"的规定。

7. 少数博物馆名称不规范

关于博物馆名称和组织机构，从目前已经省级文物部门审核登记的民办博物馆看，绝大多数民办博物馆其名称符合有关的规定，仅有个别如"中国马文化博物馆"（北京）、"北京中国紫檀博物馆"（悬挂名称为"中国紫檀博物馆"）、"上海中国留学生博物馆"等涉嫌违规。另有少数将博物馆名称与相关企业名称两个牌子混用的现象。

四　主要原因分析

（一）国家社会改革中的法律制度和政策措施尚未到位

例如民办博物馆属于"民办非企业单位"法人，但这个出现在法规性文件中的称谓在法律《民法通则》的法人种类规定中却没有出处，法律规定"缺席"，导致包括民办博物馆在内的众多民办非企业单位"身份"不明，这涉及民办博物馆对相关法律和法规政策的适用等原则性问题，客观上造成民办博物馆的政策环境存在不确定因素。加之与"民办非企业单位"相关的配套政策措施还没有形成体系，使众多"民办非企业单位"行业管理部门都处于"摸着石头过河"的阶段。

（二）文化产业发展政策刺激了民办博物馆的井喷式出现

不少地方政府将民办博物馆建设纳入文化产业和旅游发展规划，"博物馆之城"等建设项目以政府主导方式号召和扶持民办博物馆成群发展，这对民办博物馆发展起到了积极的推动作用。但与此同时，也带来了一些负面影响。政府的主导，改变了民办博物馆由民间力量伴随社会进程自然产生发展的

"自我成长"路线图,在土地供应、税收优惠、运营扶持等政策的集中出台和推动下,形成了民办博物馆在短时间内"扎堆出现"的现象,其中相当一部分属于"拔苗助长",在加快文化产业建设步伐的热烈氛围下,部分民办博物馆未经严格审查便仓促登记注册,相关行业管理部门政策措施"跟不上趟",导致目前全国已登记注册的民办博物馆良莠不齐的局面,这种情况在不少地方仍在继续。

(三)民办博物馆与国有博物馆的体制差异导致管理方式不匹配

由于我国民办博物馆主要是在进入新世纪以后才迅速发展起来,历史比较短暂,民办博物馆管理中一些共性的问题最近才显露和突出出来,基本上都是发展中必然要出现和面对的阶段性问题。民办博物馆属于法人意义上的新型社会组织,博物馆管理部门面临的是与国有博物馆有众多不同要素的管理对象,在作为管理者的自我角色定位、管理策略和方式等方面总体来讲尚缺乏足够的经验积累。而民办博物馆用地供给、税收优惠、扶持等相关的政策实际上也还处于探索之中,深化和完善尚需时日。

五 对民办博物馆规范化建设途径的思考

(一)民办博物馆姓"民"是一切管理工作的出发点和落脚点

国家鼓励和支持民办博物馆发展的初衷,就是借助社会力量加强国家文化遗产保护,丰富和拓展博物馆文化服务的内容和形式,补充政府力量的不足。政府促进民办博物馆发展主要是履行监管和服务职能,以及税收优惠等政策性扶持,而不能大包大揽。民办博物馆的举办、运行和发展始终都要依靠社会力量。政府通过购买服务、奖励等方式给予民办博物馆支持,只是一种辅助手段。民办博物馆不宜成为"政府制造",甚至"拔苗助长",使众多不具备条件的民办博物馆像雨后春笋般纷纷冒出,并患上依赖症,害怕独立。要理顺对民办博物馆扶持与规范的关系,以规范作为扶持的硬性前置条件,而不能扶持在先,规范在后,颠倒位置。要真正做到民办博物馆由民间力量自愿办馆、自筹资金、自负责任、自主管理。

（二）民办博物馆是否都登记为法人有待商榷

目前，有大量民办博物馆除了基础条件不达标以外，法人治理方面也缺乏基本的组织构架，不具备决策机关、执行机关和监督机关或者相应职能的明确分工。实际上，鉴于不同的民办博物馆之间条件差异显著，似无必要都登记为法人，可以依据《民办非企业单位登记管理暂行条例》第十二条和《民办非企业单位登记暂行办法》（民政部令〔1999〕18 号）第二条的规定，对于个人出资且出资人担任民办博物馆负责人，仅有数名职工的民办博物馆，如个人收藏展示馆，可以作为民办非企业单位（个体）登记；对于两人或两人以上合伙举办但尚不具备法人条件的民办博物馆，如藏友收藏展示会馆等，可以作为民办非企业单位（合伙）登记；而仅将两人或两人以上举办，或由企业事业单位、社会团体和其他社会力量举办的，或由上述组织与个人共同举办的，且具备法人条件的民办博物馆登记为民办非企业单位（法人）。各地政府可以对作为民办非企业单位（个人）或（合伙）登记的博物馆与作为法人登记的民办博物馆一同进行扶持，但在国家的博物馆名录中，应当仅收录具备法人资格的民办博物馆，国家层面的民办博物馆规范扶持政策，也应当仅针对具备法人资格的民办博物馆，各地在执行中可以变通执行，将其他类型的民办博物馆也纳入规范扶持范围。这样可以实现对民办博物馆的分类、分级管理。对此，文物部门和民政部门需要进行深入的协调沟通。

（三）当前民办博物馆发展中最迫切的任务是加强规范化建设

规范化不是在"治"民办博物馆，而是真正关心和扶持民办博物馆持续健康发展不可或缺的前提和有力手段。规范化的内容可以区分为不同层级和类别，主要包括基于法人行为的法规政策的规范化、基于政府扶持社会事业政策措施的规范化、基于博物馆事业管理的规范化，以及民办博物馆自身运行的规范化等。规范化建设应当区分轻重缓急，法人行为的规制和扶持政策的制定需要各级政府的重视和多个部门的协调配合才能完成，可以积极推动但不能操之过急；博物馆行业管理层面的政策制度建设可以加速推进，在有关政策制度建设中，对藏品权属与真假的规制应当给予特别关注，它们已成为困扰民办博物馆管理、影响民办博物馆形象的两大症结；而对民办博物馆陈列展览和公共文化服务职责发挥的要求则应当作为现阶段制度建设以及业务扶持的重中之重。

（四）法人地位假独立与真独立问题是影响民办博物馆持续健康发展的一道关键环节

民办博物馆法人一旦成立，其财产就成为独立享有权利和承担义务的财产权基础，具有排他性。法人的财产包括两个部分，一是法人设立时的财产，二是法人成立后取得的财产。民办博物馆设立时普遍存在其法人财产与举办者、相关企业或机构的财产之间没有清楚区分的现象。例如，建盖的民办博物馆馆舍，所有权属于举办者、博物馆法人还是属于其他主体，是对民办博物馆的捐赠行为、租赁行为还是无偿借用行为，并不明确；藏品提供者与民办博物馆之间形成的藏品关系，是藏品捐赠行为、租赁行为、借用行为还是代管行为等，也往往模糊不清。与财产混同相关联，造成了行为的混同，例如民办博物馆成立后，由举办者出资、以民办博物馆名义收集藏品，该藏品属于出资者还是博物馆？在实践中往往没有明确区分，特别是当原有的馆藏品和以民办博物馆名义收集的藏品混在一起时，这种关系就更加模糊了。博物馆收集的藏品如果属于出资者，就涉嫌以博物馆公益名义为个人收藏服务，这是法律所不允许的；收集的藏品如果属于博物馆，出资人是否属于捐资行为？实践中，举办者多认为民办博物馆以及其中的所有财产、藏品都是自己的个人财产，如何管理、处置都由自己一人做主，导致一些民办博物馆异化为"家族产业"。此外，社会公众和媒体还常常质疑举办者是否利用民办博物馆的平台使来源不明的藏品合法化，以及相关企业是否利用其所举办的博物馆规避税收政策等问题。与财产混同相关联的还有财务制度的不独立、不规范和审计制度的混乱等现象。法人地位没有真正独立，产权不清和人格模糊导致的是对民办博物馆"做人资格"的侵害，行为混同带来的是对民办博物馆独立"做事资格"的侵害，这种局面既不利于民办博物馆和整个博物馆事业的发展，也有损我国法人制度的发展完善和社会经济健康秩序的构建。因此，要牢固地树立起民办博物馆的独立法人地位，让民办博物馆独立地行使其民事权利能力、民事行为能力和民事责任能力。

（五）严格界定"民办博物馆"的概念外延是清晰确定管理对象、实现规范化管理的前提条件

虽然在《关于促进民办博物馆发展的意见》中对"民办博物馆"给出了定义，但哪些博物馆属于民办博物馆依然比较模糊，而社会上出现的"民办博物馆"种类繁杂，使博物馆管理实务中概念尺度难以掌握。例如，依举办主体，国有企业和集体企业举办的博物馆、村委会等基层或行业组织举办的博物馆、个人收藏展示和接待藏友等特定人群为主的半封闭式博物馆，其数量和比例在已登记注册的民办博物馆中不占少数，但它们是否属于民办博物馆却是一个还需要进一步探讨的问题。这一问题在这里涉及的是法律概念问题而非理论问题，它直接关系到民办博物馆登记注册和管理对象的确定，以及国家相关政策如何掌握和落实等制度性基本问题。严格区分博物馆与个人收藏展示馆，以及厂矿、公司历史与产品展示馆等之间的界限是确立真正的民办博物馆概念的一道分水岭。

（六）"软性规范"建设是培养民办博物馆职业精神的重要手段

由于民办博物馆的长期性和非营利性，民办博物馆需要不断的投入，但物质回报却很少，创办民办博物馆，意味着对社会长期做无偿奉献。公益精神、无私奉献精神和追求专业品质，是博物馆人的一种职业精神，它需要长期实践的潜移默化。由于历史短暂，我国民办博物馆大多尚不具备这种职业意识和精神。这种意识和精神的培养，不仅在于教育和引导，更在于"软性规范"的建设和实施。这里"软性规范"是相对于国家强制实施的法律法规等"刚性规范"而言，主要指博物馆章程、博物馆职业道德准则、非营利组织自律准则等。与"刚性规范"已具备基本体系框架相比，当前我国民办博物馆的"软性规范"建设更加薄弱，例如各馆章程的制定基本还处于"依样画葫芦"的阶段，在财务制度、财产制度、法人治理结构等方面距离真正按照章程运行还有很长的路要走。在我国民办博物馆规模化发展起步阶段，有必要高度重视这种软实力的建设。

六 对加强民办博物馆规范化建设的建议

（一）分步推进民办博物馆的规范化建设

首先推进基于文物部门主导的博物馆专业要求的准入审核、监管等领域，以及博物馆运行管理和公共服务规范等规定动作的严格要求与考核。在此基础上，就民办博物馆法人行为、土地使用、财政税收优惠、政府扶持或奖励等政策措施的细化和落实，协调配合有关部门积极推进。在当前扶持政策性文件广泛出台的情况下，应抓紧制定政府资助民办博物馆的规范性文件，明确资助范围、类别、方式和操作规程等；制定政府资助资金管理办法，规范各地资助行为，严格资助经费的管理。

（二）建立健全严格的民办博物馆准入认证制度和动态管理制度

制定审核、评估标准等实体性规章，以及明确规定动作的程序性规章，从内容、程序两方面确保核评质量，保证民办博物馆的品质。抓紧强化国家及省级博物馆评估委员会的队伍和职能建设，形成博物馆质量评价、专业咨询的权威组织。刚性规定省级评估委员会承担民办博物馆准入认证、运行评估的决策咨询任务。该委员会中应有民办博物馆代表参加。对国家认证的民办博物馆实行动态管理，有准入，有撤销。重新审核已登记注册的民办博物馆，或以年检淘汰制等梳理现有民办博物馆，明显达不到博物馆基本标准或违反原则性规定甚至存在违法行为者，重新进行培植或直接注销其资格。

（三）加强专业指导，健全内部管理，强化法人地位，发挥民办博物馆的公益职能

市县级和省级文物部门要严格依法实施年检，在年检中文物部门与民政部门应加强沟通与联系，可共同制定与年检挂钩的相应奖惩政策。要加强对民办博物馆藏品收集、保藏、研究、展示等相关业务的规范化指导。同时，健全民办博物馆法人治理结构，推进博物馆理事会、监事会的管理模式，明确民办博物馆作为独立法人相应的责权利。通过吸收优秀的民办博物馆参加

评估定级、各级博物馆行业组织中成立民办博物馆专业委员会等方法，促进民办博物馆规范管理和良性发展，培养民办博物馆自觉、依法开展各项业务活动意识，充分发挥民办博物馆的公共文化服务职能。

（四）牢固树立"博物馆"名称的严肃性和权威性

文物、民政、工商等部门加强协调，非经文物部门审核并经民办非企业登记机关登记的机构，其名称及其牌匾不能冠以"博物馆"字样。或根据我国的实际情况，可考虑经正式注册登记的民办博物馆加挂"国家认证博物馆"之类的牌匾，作为一、二、三级博物馆之下的民办博物馆的正式认证级别，以区别于难以计数的杂牌"博物馆"；或对民办博物馆实行严格的资格与质量评估制度，将其与享受用地、税收等政策优惠，以及能否申请财政补助资金等直接挂钩，以树立民办博物馆的真正品质。达到标准的民办博物馆，可以享受与国有博物馆同等的多方面待遇。

（五）强化政策扶持，营造良好环境，推进民办博物馆可持续发展

民办博物馆的发展需要政府的扶持与引导。在规划建设、土地使用、规费减免、从业人员职称评定等方面，主管部门应当出台适当的扶持办法。可以制定有关优惠政策，支持民办博物馆在充分发挥社会效益的同时积极开发各类博物馆文化产品，根据自身特点开展博物馆衍生服务项目，加强民办博物馆自身的"造血能力"；帮助对民办博物馆在岗人员的专业培训，鼓励民办博物馆专业人员参加专业技术职务评定；鼓励民办博物馆探索建立博物馆基金，对于社会效益良好或对公益文化事业作出贡献的民办博物馆给予适当的物质奖励。继续实施国有博物馆对口帮扶民办博物馆制度，鼓励民办博物馆与国有博物馆之间的交流与合作。通过各级各部门加大政策扶持力度，为民办博物馆创造良好的发展环境。

关于基层文博工作情况问卷抽样调查报告

国家文物局人事司

内容摘要： 文物事业，根基在基层。为加强干部队伍建设，提升整体素质和管理能力，2011 年 5 月，国家文物局正式启动了全国县级文物行政部门负责人集中培训，计划用 5 年时间对全国县级文物行政部门负责人进行轮训。报告在随机抽取第五期至第十期 60 个县级文物行政部门负责人培训班学员的基层文博工作情况调查问卷的基础上，对全国县级文物部门的机构、编制和当地文物资源情况进行了统计分析，对基层文博工作中存在的困难和问题进行了案例分析，提出了改进基层文博工作的对策建议。

为加强干部队伍建设，提升整体素质和管理能力，2011 年 5 月，国家文物局正式启动了全国县级文物行政部门负责人集中培训，计划用 5 年时间对全国县级文物行政部门负责人进行轮训。为更好掌握全国县级文物部门的机构、编制和当地文物资源情况，以及基层文博工作中存在的困难和问题，我们向第五期至第十期县级文物行政部门负责人培训班学员发放了基层文博工作情况调查问卷。我们回收了有效问卷 650 份，按照约 10% 的比例随机抽取了 60 个县（区）的调查问卷进行了统计分析，形成了调研报告，提出了工作建议。

一　基层文博工作概况

（一）文物资源丰富

——样本县（区）在第三次全国文物普查中共登记不可移动文物 22200 处，包括古遗址、古墓葬、古建筑、石窟寺及石刻、近现代重要史迹及代表性建筑、其他等六大类文物；其中古遗址和古建筑类文物最多，约占不可移动文物总量的63%。19个县（区）都存在登记不可移动文物消失的情况，消失文物共420处。

——各级文物保护单位共5988处，其中全国重点文物保护单位185处，省级文物保护单位334处，市级文物保护单位342处，县级文物保护单位2789处，其他文物保护点2338处。全国重点文物保护单位、省级文物保护单位因为得到国家和省级文物行政管理部门的资金支持，配套保护设施较为完善，维护状况良好，但市县级文保单位和尚未核定为文物保护单位不可移动文物的保护状况并不十分理想。

——样本县（区）中共有馆藏文物188757件，其中珍贵文物15425件，包括一级文物173件，二级文物967件，三级文物14285件；约20%的县（区）尚无博物馆，文物的保管和修护存在较大困难。

（二）文物机构设置不一

样本县（区）中机构设置有以下四种情况：一是单独设立文物局，履行文物行政管理职能，但这种情况所占比重不到10%；二是文物机构与文化、广电、体育、新闻、旅游等部门合署办公（加挂文物局牌子），这种情况所占比重约13%；三是在文化、广电、体育、新闻、旅游等机构内部设立文物机构，这种情况所占比重约29%；四是没有专门的文物机构，该地文物工作由相关事业单位代行，或是文物工作根本无人问津，这种情况所占比重约48%。

文物资源丰富的部分县（区）文物机构得到加强，人员比较稳定。比如湖南省津市市文物局与博物馆合署办公，共有工作人员10人，其中高级职称1人、中级职称5人，文物局下设办公室、文物稽查中队、文物科和博物馆科。但更多县（区）的文物部门下设科室普遍较少，往往是一个部门管理多项文物工作，近70%的文物机构没有设立专门的文物执法部门，甚至有的地方没有专门的文物机构。

（三）人员编制严重不足，专业人员匮乏

大部分县（区）的文物部门编制人员较少，很多工作交由非正式员工承担。比如，江苏省扬州市某区文体新局下设文物科，没有人员编制；天津市某县文物管理职责设在文广局，具体工作由县图书馆落实，无单独编制，只有 1 名兼职人员负责文物工作。存在上述情况的县（区）约占样本数的 10%。

样本县（区）中，只有 17 家文物管理机构的工作人员具备中、高级职称或大专以上学历，不足 12% 的文物管理机构中拥有文博专业技术人员，由此可见在整体上基层文博人才储备严重不足。

二 基层文博工作的困难与问题

通过此次调研分析，机构和人员问题已经成为制约基层文物工作开展的主要因素之一。其中主要表现在：一是不规范，机构不健全，人员不稳定，职能不明确；二是不平衡，有的县（区）机构设置合理，职能明确，人员到位，文物工作开展较好，但这种情况为数甚少，大多数县（区）的文物工作还是做得很不够；三是不稳定，事业发展需要队伍稳定、责任明确，但是有的县（区）文物机构时有时无，职责和编制落实不到位。

案例一：机构设置方面

河南省登封市于 2004 年成立文物管理局，是市政府下设的正科级事业单位。该局现有职工 160 余人，下设办公室、文物科、文物研究所、文物安全科、文物安全科、工程科、旅游科、人事科、宣传科、古树科、收费科等科室，另有登封历史博物馆、勘探队、太室山文物保管所、嵩阳书院文物保管所、会善寺文物保管所、观星台文物保管所、荥阳文物保管所、嵩岳寺塔文物保管所、启母阙文物保管所等二级机构。

像登封市这样文物工作开展良好的县（区）数量较少，更多县（区）的文物工作情况不甚理想。比如，河南省三门峡市某县属该省文物大县，但目前没有博物馆，该县 3600 余件国有可移动文物包括 634 件珍贵文物，存放在一座没有控温、调湿、防盗、消防等设施设备的文物仓库内，文物仓库没有专职人员看守，存在很大的安全隐患，也不能充分发挥文物的教育作用。

案例二：人员编制方面

福建省龙岩市某县现有不可移动文物 616 处，其中全国重点文物保护单位 5 处、省级文物保护单位 11 处、县级文物保护单位 52 处，而该县文物管理办公室仅有编制人员 3 名。文物工作人员数量与其工作任务极不相称，工作量巨大，导致很多工作无法正常开展。

案例三：资金经费方面

山西省某县，虽然近年来县级财政逐步加大了文物保护投入，但经费缺口依然很大，致使很多县级文物保护单位处于长期无人管护状态，同时因年久失修、风化、雷击等自然因素导致不少文物建筑倾斜、墙体裂缝，损毁现象堪忧。

案例四：设施设备方面

河北省秦皇岛市某区文保单位、文物古迹众多，境内 26 公里长城及城堡、烽火台等长城附属设施和大部分县级以上文物保护单位、重要文物遗址处于田野和山区，文物稽查工作主要由文物局机关及其下属单位文物保管所的工作人员兼任，事务繁忙，加之无专用文物执法车辆，对顺利完成全区境内文物看护的工作任务造成相当大的困难。

综上所述，当前基层文物工作存在的困难和问题主要如下：

第一，文物工作日渐繁重，呈现复杂化、专业化的趋势，相比之下基层文博单位人员紧缺。同时基层文博单位大多存在职称和待遇不到位、缺乏有效的竞争择优机制、上升渠道不畅等现象，这些都严重影响了培养和引进高素质的文博专业人才和又懂技术又懂管理的复合型人才，人才流失严重，导致基层文博单位普遍缺乏专业技术人才。

第二，地方财政向文物事业拨款数目有限，仅能维持文物日常管理，文物保护专项经费落实不到位，部分地方的文物保护经费甚至没有列入政府年度财政预算。资金短缺直接影响到了文物行政执法、文物征集、勘察发掘、保护管理、库房维修改造、设施设备配置升级等各方面的工作。

第三，组织机构有待完善，文物行政管理体制运行不畅。文物行政执法机构不健全，很多地方的文物行政执法人员要么没有编制，要么是相关部门人员兼任，文物行政执法人员流动性大，文物行政执法队伍弱化，文物行政执法工作时断时续。

三　改进基层文博工作的对策建议

（一）完善机构设置

在文物资源丰富、文物价值突出的县（区），应当建立文物行政部门，人员编制3~5人。进一步明确县级文物主管部门的职责和地位，使其在文物工作中起到主导作用。在文物数量一般的县（区），至少要设立一个经政府授权的文物管理机构，配备专人负责文物管理工作。

（二）加强人才培养

基层文博人才培养工作必须持之以恒，要形成基层文博人才培养、使用和成长的长效机制，留得住人才，用得好人才。加强与高等院校、科研院所、培训机构的联系，探索联合培养基层文博专业人才的路子。

（三）夯实经费保障

加大对基层文物工作的政府投入，必须保障基层文物部门的日常工作经费，中央财政专项资金对西部贫困地区、革命老区和少数民族地区予以倾斜。适当拓展文物保护专项资金的使用范围，充分发挥中央财政文物保护专项资金的示范和引领作用。

关于全国文博人才职业教育教学体系的调研报告

国家文物局人事司

内容摘要：为摸清家底、整合资源，提升全国文博技能型人才的培养水平，国家文物局组织开展了全国文博人才职业教育教学体系的专题调研。报告统计了全国文博人才职业教育的专业设置、课程设置、招生情况、师资力量、教材建设、就业情况，分析了其中存在问题，介绍了国外文物保护职业教育简况。

为摸清家底、整合资源，提升全国文博技能型人才的培养水平，国家文物局组织开展了全国文博人才职业教育教学体系的专题调研。

一　专业设置情况

目前，全国开设文博专业的职业学院共有 25 家，其中公办院校 19 家、民办院校 6 家，分别位于北京、天津、上海、东北、河北、山东、山西、陕西、湖北、四川、江苏、浙江等 12 个省份和地区（表一）。

表一　文博行业职业教育院校一览表

序号	学校名称	所属院系	开设专业	学制	办学形制
1	首都联合职工大学		古籍修复	专科	公办
2	北京文博学院		文物鉴定与修复	本科	民办
3	北大资源研修学院		文物鉴定与修复	本科	民办

续表

序号	学校名称	所属院系	开设专业	学制	办学形制
4	北京城市学院	公共管理学部	文物修复与鉴定	本科	民办
5	北京新圆明职业学院	文化艺术系	文物鉴定与修复（书画方向）	专科	民办
6	廊坊东方职业技术学院	文物艺术系	文物鉴定与修复	专科	民办
7	天津轻工职业技术学院	艺术工程学院	文物鉴定与修复（书画方向）	专科	公办
8	天津艺术职业学院		文物鉴定与修复	专科	公办
9	保定学院		文物鉴定与修复	专科	公办
10	陕西文物保护专修学院		文物保护与修复 考古发掘 考古绘图 古建保护与修复 古建油饰彩绘	专科	民办
11	山东工艺美术学院	人文学院	文物鉴定与修复	本科	公办
12	山东艺术学院	职业学院	文物鉴定与修复	本科	公办
13	莱芜职业技术学院	师范教育与艺术系	文物鉴定与修复	专科	公办
14	山西旅游职业技术学院	旅游与艺术系	文物鉴定与修复	专科	公办
15	山西建筑职业技术学院	建筑与艺术系	中国古建筑工程技术	专科	公办
16	上海工会管理职业学院	人文艺术系	文物鉴定与修复	专科	公办
17	金陵科技学院	人文学院古典文献系	古籍修复和保护	本科	公办
18	南京莫愁中等专业学校	工艺美术系	文物鉴定与修复	专科	公办
19	苏州工艺美术职业技术学院	装饰艺术系	书画鉴定与修复	专科	公办
20	浙江艺术职业学院	文化管理系	文物鉴定与修复	专科	公办
21	湖北艺术职业学院	艺术管理系	文物鉴定与修复	专科	公办
22	四川艺术职业学院	文化管理系	文物鉴定与修复	专科	公办
23	四川文化产业职业学院	文博学院	文物鉴定与修复	专科	公办

序号	学校名称	所属院系	开设专业	学制	办学形制
24	黑龙江建筑职业技术学院	建筑与城市规划学院	中国古建筑工程技术	专科	公办
25	赤峰学院	历史文化学院	文物鉴定与修复	专科	公办

根据其专业设置可分为以下三类：

（一）文物修复类

职业学院文物修复类专业有文物鉴定与修复、文物保护与修复、书画鉴定与修复、古籍修复与保护等。

文物鉴定与修复专业最早开设于 1999 年，是目前文博行业职业教育中相对热门的专业，现开设文物鉴定与修复专业的职业学院共 16 家，分别是北京文博学院、北大资源研修学院、保定学院、廊坊东方职业技术学院、天津艺术职业学院、陕西文物保护专修学院、山西旅游职业技术学院、山东工艺美术学院、莱芜职业技术学院、山东艺术学院、浙江艺术职业学院、上海工会管理职业学院、湖北艺术职业学院、四川艺术职业学院、四川文化产业职业学院、赤峰学院。除山东艺术学院职业教育学院为公办 4 年制本科，北京北大资源研修学院、北京文博学院（写实学历）为民办 4 年制本科外，其余均为 3 年制大专。

开设文物鉴定与修复（书画方向）的职业学院有 3 家，分别是天津轻工职业技术学院、北京新圆明职业学院、苏州工艺美术职业技术学院。

以上院校中，有 7 家集中分布在京津地区，分别为北京北大资源研修学院、北京文博学院、北京新圆明职业学院、保定学院、廊坊东方职业技术学院、天津艺术职业学院、天津轻工职业技术学院。这 7 所院校课程设置均以陶瓷器、青铜器、玉器、书画等文物的研究及鉴定为主，其中北京新圆明职业学院、天津轻工职业技术学院侧重书画的临摹、鉴赏、鉴定与装裱。

这 7 所院校专业方向以鉴定为主，位置分布在京津地区，可能与以下几个方面有关。首先，北京地区文物行业发达，据不完全统计有文物商店 60 余家，拍卖公司约有 100 家，此外还有数量众多的书画店、装裱店以及全国最大的古旧物品市场潘家园旧货市场，这些都为文物鉴定专业人才提供了广阔的就业渠道。其次，北京地区高校云集、专家众多，来自故宫博物院、中央美术学院、中国社会科学院、北京大学等的众多专家和名师为该地区各院校开设文物鉴定专业提供了强大的师资力量。此外，7 所院校生源多以本地为主，学生在选择专业方面除个人爱好外，还受到家庭环境的影响，部分学生家长本身在文物行业工作。

除上述京津地区 7 所院校外，莱芜职业技术学院、山东艺术学院、苏州工艺美术职业技术学院、浙江艺术职业学院、四川艺术职业学院、四川文化产业职业学院 6 所院校在专业方向上也均以文物鉴定为主、文物修复保护为辅。

有些院校除文物鉴定外，还结合本地区传统文化优势，在课程设置上有自身的特色，如莱芜职业技术学院结合莱芜地区民间传统优势，在木雕、内画壶方面有着自身特色；苏州工艺美术职业技术学院为学生开设丝绸制作、刺绣工艺等方面的课程；浙江艺术职业学院建设有陶瓷作坊，学生可以学习青瓷烧制的整个流程。

2007 年以前，各院校的文物鉴定与修复专业基本以鉴定为主，2007 年以后，部分院校逐渐转为以文物修复为主。陕西文物保护专修学院、山西旅游职业技术学院、上海工会管理职业学院 3 所院校在专业方向设置上主要以修复见长。其中陕西文物保护专修学院在课程设置上，完全以修复课程为主，开设陶瓷保护修复、石质文物保护修复、金属文物保护修复、壁画保护修复、有机质文物保护修复、考古现场文物保护等课程。依托陕西文物保护研究院、陕西考古研究院、西北大学文化遗产学院等科研单位及高校的师资力量，培养可移动文物保护和文物保护工程的应用型技能型人才。山西旅游职业技术学院在 2007 年以后专业方向侧重于文物修复，课程设置主要有书画的修复、鉴定、装裱以及青铜、陶瓷、壁画等的修复。学生通过三年的学习能够基本掌握青铜器、陶瓷器、家具、珠宝玉器等门类的基本认知和鉴别技能；掌握中国书画装裱的全程工序；掌握青铜器除锈、补配、整形、焊接、制模、做旧、做锈等技能。上海工会管理职业学院在专业发展方向上侧重主要侧重纸质类文物（书画、古籍）的修复以及陶瓷器、青铜器的修复与复制。在古籍修复以及仿古陶瓷器制作方面较有特色。

　　赤峰学院的文物鉴定与修复专业也较有特色，该专业隶属于历史文化学院，依托学院历史、考古专业师资力量以及与中国社会科学院考古研究所、内蒙古博物院、内蒙古文物考古研究所的全面合作关系并结合赤峰地区历史上游牧民族、农耕民族遗留的丰富文化遗存，开设中国通史考古学通论、断代考古学等专业基础课，同时开设考古调查、考古发掘、考古测绘、考古摄影、文物展览、文物鉴定、文物修复等专业课，培养具备考古学基础知识与基本技能、文物鉴定与修复技能的专门技术人才。

　　湖北艺术职业学院、山东工艺美术学院的文物鉴定与修复专业为近年来刚刚开设，各项工作还在开展中。

　　另外，有 3 所院校开设古籍修复专业，分别是首都联合职工大学、金陵科技学院、南京莫愁中等专业学校。其中金陵科技学院为 4 年本科、首都联合职工大学为 3 年专科、南京莫愁中等专业学校为 5 年制大专。

　　金陵科技学院为全国最先开设古籍修复专业的院校，2007 年金陵科技学院与南京图书馆合作办学，开设古代文献（古籍修复）本科专业。南京莫愁中等专业学校 2001 年开设古籍修复专业，2001～2003 年为 3 年制中专，2004年以后升为 5 年制大专。首都联合职工大学的古籍修复专业隶属于首都联合职工大学国图分校，依托于国家图书馆古籍馆的师资及设备，2008 年开设文物鉴定与修复（古籍鉴定与修复方向）专业。由于当前留存于世的古籍受到保存环境及其他方面的影响，部分古籍破损非常严重，国家图书馆、南京图书馆等机构都保存有大量的古籍，也急需古籍保护与修复方面的人才，因此，这 3 所院校依托于当地图书馆开设了该专业。

（二）古建修缮类

　　职业学院古建修缮类专业有古建保护与修复、古建油饰彩绘、中国古建筑工程技术。

　　开设古建修缮专业的院校共 3 家，分别是山西建筑职业技术学院、黑龙江建筑职业技术学院开设的中国古建筑工程技术专业和陕西文物保护专修学院开设的古建保护与修复和古建油饰彩绘专业。

　　山西建筑职业技术学院中国古建工程技术专业隶属于建筑艺术系，2007年因受到国家教育部扶持开设。黑龙江建筑职业技术学院中国古建工程技术专业隶属于建筑与城市规划学院，是国家高职高专示范性专业覆盖的专业群之一。陕西文物保护专修学院古建筑保护系下设 3 个专业，分别为古建筑维修与保护、古建油饰彩画、古代彩塑造型与修复，其中古代彩塑造型与修复为国家文物局扶持专业。

（三）田野考古专业

目前开设田野考古专业的职业学院仅陕西文物保护专修学院 1 家，设有考古发掘技术、考古绘图两个专业。此外，赤峰学院的文物鉴定与修复专业受学校教学和师资力量的影响，也比较偏重考古发掘技术方面的课程。

二　课程设置情况

（一）文物修复类

1. 文物鉴定与修复专业

公共必修课：思想道德与法律基础、形势与政策、毛泽东思想和建设有中国特色的社会主义理论、计算机基础、大学英语、大学体育、军事理论、心理健康教育

专业基础课：中国历史文化与纪年、中国历史地理、中国传统文化、古代汉语、世界历史与文化、世界文化遗产、外国美术史、艺术学概论、美学导论、考古学通论（中国考古）、古器物绘图、古文字学、文物学概论、文物保护法、文物分类与管理、博物馆陈列、书法技法、色彩基础、中国画技法

专业方向课：陶瓷鉴赏、青铜器鉴赏、玉石器鉴赏、古钱币鉴赏、书画鉴赏、杂项鉴赏、陶瓷器修复、青铜器修复、石质文物保护修复、壁画文物保护修复、书画装裱与修复、古籍装帧与修复、文物摄影、篆刻技法、拓片制作、仿古陶瓷复制

综合实践：田野调查（参观）、文物市场调研、博物馆文物考察

2. 古籍修复专业

公共基础课：思想道德与法律基础、毛泽东思想和中国特色社会主义理

论体系概论、马克思主义基本原理、中国近现代史纲要、形势与政策、大学英语、大学计算机信息技术、军事理论、心理健康教育

专业基础课：中国传统文化、古代汉语、古代要籍解题、古籍整理理论、中国古典文献学、目录学、版本学、文献检索、汉语职业能力训练、专业英语

专业方向课：古籍修复、古籍保护、古籍装帧、古籍数字化、古籍数据库、古籍信息系统开发、古籍版本鉴定、古籍鉴赏、编辑出版实务与技能、图文设计与制作、书画装裱、书法篆刻、国画技法

综合实践：校内实验室、校外实习基地（南京图书馆、南京博物院、第二历史档案馆、宁波天一阁）

（二）古建修缮类

1. 中国古建工程技术

专业基础课：园林设计、风景写生、表现技法、建筑材料、古建筑构造、古建筑测绘、古建筑制图、计算机辅助设计

专业方向课：古建筑工程预算与经济标、古建筑施工与管理、古建筑预算、古建筑质量验收、古建筑瓦石工程修缮、古建筑大木工程修缮、古建筑油漆彩画、古建筑装修、仿古建筑设计实务

综合实践：校内实训、校外顶岗实习

2. 古建筑维修与保护

专业基础课：古代汉语、国史概要、园林设计、风景写生、表现技法、建筑材料、古建筑构造、古建筑测绘、古建筑制图、中国建筑史、计算机辅助设计

专业课：古建筑彩绘传统工艺及技术、古建筑设计、古建筑施工与管理、古建筑修缮与管理、建筑力学结构、工程预算、工程质量与安全

综合实践：校内实训、校外顶岗实习

3. 古建油饰彩画

专业基础课：古代汉语、国史概要、中国美术史、中国建筑史

专业课：素描、色彩、白描、中国古代装饰艺术、古建筑彩绘传统工艺及艺术

综合实践：校内实训、校外顶岗实习

（三）田野考古类

1. 考古发掘技术

公共基础课：国史概要、古代汉语、计算机应用基础、体育、文物法律知识、大学英语

专业基础课：考古学概论、考古学通论、文物学概论、专业英语、Photoshop 基础

专业课：田野考古技术、考古测量技术、考古现场文物保护、体质人类学、动物标本鉴定、考古摄影、考古绘图、素描、色彩、白描

综合实践：专业实习、暑期实践、毕业实习

2. 考古绘图

公共基础课：国史概要、古代汉语、计算机应用基础、体育、文物法律知识、大学英语

专业基础课：考古学概论、考古学通论、文物学概论、专业英语、Photoshop 基础

专业课：素描、色彩、白描、考古绘图、计算机考古绘图、考古摄影、田野考古技术

综合实践：专业实习、暑期实践、毕业实习

职业院校都非常重视学生的实践，除与相关文博单位建立联系，让学生有较多顶岗实习机会外，职业院校都建有自己的实训室。山西建筑职业学院为专业建设投资建设了古建筑模型制作实训室、古建筑成果展示室等校内实训基地，同时与山西省文物保护局、山西省艺术博物馆（纯阳宫）、山西省博物院、晋祠等合作建设了古建筑校外教学实训基地。山西旅游职业技术学院建设有文物鉴定与修复实训室和书画装裱实训室。陕西文物保护专修学院建设了文物保护与修复实验室，实验室的设备从德国进口，考古实验室、考古绘图实验室、古代彩塑实验室、古建油饰彩绘实训室，实训室有多组古建筑构件，学生可在古建构件上直接练习彩绘制作。浙江艺术职业学院设有陶瓷作坊，学生可以学习陶瓷，尤其是青瓷烧制的整个流程。

三 招生情况

由于受到社会需求和就业的影响，相对于其他专业，文博专业在各职业学院中都不属于热门专业，而属于特色专业。除北京文博学院和陕西文物保护专修学院是完全以培养文博领域技能型人才为主的学校外，其余高职院校文博专业规模都不大，各院校每年招生人数为十几到几十人，不超过一百人（表二、三、四）。

（一）文物修复类

山西旅游职业技术学院：从 2004 年第一年面向全省招收文科和理科的高中毕业生，2005 年开始面向全国招生。2004 年（第一年）20 人，2008 年 50 人（文科 27 人、理科 23 人），2009 年 65 人（文科 31 人、理科 34 人），2010 年 80 人（文科 42 人、理科 38 人），2011 年 50 人（文科 28 人、理科 22 人），2012 年 50 人（文科 33 人、理科 17 人），2013 年拟招 40 人。

莱芜职业技术学院：2007 年（第一年）80 人，2008～2013 年 40 人。

山东艺术学院：2009 年（第一年）20 人，2010 年 30 人，2011 年 9 人，2012 年 30 人，2013 年升本，专科不再招生，本科拟招生 30 人。

山东工艺美术学院：2012 年（第一年）36 人，2013 拟招生 35 人。

苏州工艺美术职业技术学院：全国统招，高考录取线高于三本，全部为艺术类考生，生源以本省为主，也面向全国招生。2007 年 28 人，2008 年 28 人，2009 年 33 人，2010 年 24 人，2011 年 59 人，2012 年 28 人，2013 年拟招 30 人。

上海工会管理职业学院：2006 年（第一年）91 人（2 个班），2007 年 72 人，2008 年 62 人，2009 年 95 人，2010 年 62 人，2011 年 60 人，2012 年 58 人，2013 年拟招 60 人。

浙江艺术职业学院：2008 年 40 人，2009 年 90 人，2010 年 90 人，2011 年 44 人，2012 年 45 人，2013 年拟招 45 人。

湖北艺术职业学院：2013 年首次招生，计划招生 30 人。

天津轻工职业技术学院：每年招生 30 人左右。

天津艺术职业学院：2006 年首次招生，2013 年计划招生 35 人。

保定学院：2013 年 40 人，2013 年计划招生 50 人。

廊坊东方职业技术学院：2010 年 60 人，2011 年 30 人，2012 年 10 人，2013 年计划招生 15 人。

北京文博学院：文物鉴定专业 4 年制写实学历，1999 年成立，最多 180 人，最少 20～30 人，现每年控制在 50 人左右。

北京北大资源研修学院：文物鉴定专业（自设专业）为 4 年全日制，2011 年招生 40 人，2012 年招生 40 人，2013 年计划招生 50 人。

北京新圆明职业学院：文物鉴定与修复（书画鉴定方向）2013 计划招生 55 人（全国统招 50 人，北京单招 5 人）。

赤峰学院：文物鉴定与修复专业 2013 年计划招生 30 人（文科 15、理科 15 人）。

四川文化产业职业学院：文物鉴定与修复专业（艺术品投资方向）与文物鉴定与修复专业（文物经营管理方向）两个方向每年轮流招生。2010 年招 80 人，2011 年招 80 人，2012 年招 35 人，2013 年计划招 35 人。

四川艺术职业学院：文物鉴定与修复专业 2012 年招生 45 人，2013 年计划招生 90 人。

陕西文物保护专修学院：文物保护修复专业 2009 年招生 62 人，2010 年招生 40 人，2011 年招生 48 人，2012 年招生 46 人，2013 招生 105 人。

表二　文物鉴定与修复专业招生人数一览表

学校名称	招生人数							
	2006	2007	2008	2009	2010	2011	2012	2013
山西旅游职业技术学院			50	65	80	50	50	40
莱芜职业技术学院		80	40	40	40	40	40	40
山东艺术学院				20	30	9	30	30
山东工艺美术学院							36	35
苏州工艺美术职业学院		28	28	33	24	59	28	30
上海工会管理职业学院	91	72	62	95	62	60	58	60
浙江艺术职业学院			40	90	90	44	45	45
湖北艺术职业学院								30

续表

学校名称	招生人数							
	2006	2007	2008	2009	2010	2011	2012	2013
天津轻工职业技术学院						30	30	30
天津艺术职业学院								35
保定学院							40	50
廊坊东方职业技术学院					60	30	10	15
北京文博学院	50	50	50	50	50	50	50	50
北京北大资源研修学院						40	40	50
北京新圆明职业学院								55
赤峰学院								30
四川文化产业职业学院					80	80	35	35
四川艺术职业学院							45	90
陕西文物保护专修学院				62	40	48	46	105

首都联合职工大学：首都联合职工大学与国家图书馆合作 2008 年开设古籍鉴定与修复专业，分为脱产和业余两种类型，每类每年计划招生 30 人。

金陵科技学院：2006 年金陵科技学院与南京图书馆合作办学，成功申报了古典文献（古籍修复）本科专业，2007 年正式面向全国招生，2010 年 40 人，2011 年 40 人，2012 年 42 人，2013 年计划 40 人。

南京莫愁中等专业学校：面向江苏省招生，2001 年（第一年）40 人，2002 年 40 人，2003 年 40 人，2004 年（升大专）60 人，2005 年 35 人，2006 年 39 人，2007 年 36 人，2008 年 25 人，2009 年 18 人，2010 年 39 人，2011 年 40 人，2012 年 39 人，2013 年拟招 30 人。

表三　古籍修复专业招生人数一览表

学校名称	招生人数							
	2006	2007	2008	2009	2010	2011	2012	2013
首都联合职工大学			30	30	30	30	30	30
金陵科技学院					40	40	42	40
南京莫愁中等专业学校	39	36	25	18	39	40	39	30

（二）古建修缮类

山西建筑职业技术学院：2008 年招 40 人，2009 年招 45 人，2010 年招 90 人，2011 年招 90 人，2012 年招 90 人，2013 年拟招 90 人。

黑龙江建筑职业技术学院：2013 年计划招生 70 人。

表四　中国古建工程技术招生人数一览表

学校名称	招生人数							
	2006	2007	2008	2009	2010	2011	2012	2013
山西建筑职业学院			40	45	90	90	90	90
黑龙江建筑职业学院								70

（三）考古发掘、绘图专业

陕西文物保护专修学院：考古发掘专业 2009 年招生 10 人，2010 年招生 20 人，2011 年招生 15 人，2012 年招生 13 人，2013 年招生 40 人。考古绘图专业 2009 年招生 2 人，2010 年招生 5 人，2011～2013 年每年招生 20～30 人左右。

四　师资力量及教材建设情况

（一）文物鉴定与修复专业

山西旅游职业学院：文物鉴定与修复专业隶属于旅游与艺术系，2004～2005 年全部为外聘教师，2005 年开始组建自己的师资队伍，2009 年师资全部到位。目前设有文物教研室，专职教师 8 人，全部为硕士研究生，可以从事全部教学任务。兼职教师多为山西省博物院、山西省文物局的专家学者。

莱芜职业技术学院：文物鉴定与修复专业隶属于师范教育与艺术系，专职教师 10 人，其中教授 3 人（刘高峰主要承担考古学通论、文物学概论、青铜器鉴赏等课程的教学工作，司学红主要承担玉器鉴赏与实践教学工作，刘伟主要承担中国古文字学教学工作），讲师4人，助教3人。兼职教师9人，承担实践教学的比例约为50%。

山东艺术学院：文物鉴定与修复专业隶属于山东艺术学院职业学院，现有专职教师9人，其中教授、副教授3人，讲师6人，外聘教授5人，外聘民间文物鉴定与修复专家4人。

山东工艺美术学院：艺术品鉴定与修复专业隶属于人文学院美术专业艺术品鉴赏方向，专职教师队伍正在建设中，目前以青年教师为主。

上海工会管理职业学院：文物鉴定与修复专业隶属于人文艺术系，该专业教学团队中研究馆员2人，高级工程师1人，副研究官员、副教授5人，修复大师2人，装裱大师1人，讲师3人，助教5人。

浙江艺术职业学院：自编教材《中国传统手工书画装裱》。

湖北艺术职业学院：文物鉴定与修复专业隶属于艺术管理系，特聘专家4人，研究馆员2人，副研究馆员2人，专职教师2人，其中副教授1人、讲师1人。

四川艺术职业学院：文物鉴定与修复专业隶属于文化管理系，该系客座教授21名，兼职教授1名。

四川文化产业职业学院：文物鉴定与修复专业隶属于文博艺术系，该系聘请多名国家级专家任学科带头人，拥有副教授职称以上的教师17名。

保定学院：文物鉴赏与修复专业隶属于保定学院历史系，该专业师资以专职教师为主，有部分外聘专家及其他院系的内聘专家。文物鉴定教研室现有专职教师10人，副教授2人，讲师6人，教辅人员2人。

赤峰学院：文物鉴定与修复专业隶属于历史文化学院，历史文化学院现有教职工35人，包括教授7人、副教授9人、讲师职称以上17人、助教2人，其中博士5人（内含3名在读）、硕士18人。

廊坊东方职业技术学院：文物鉴定与修复专业隶属于文物与艺术系，现有首席专家1人（马希桂教授），学科带头人4人（李学勤、杨伯达、李辉柄、单国强），特聘教授4人，专职教师8人。

天津轻工职业技术学院：文物鉴定与修复专业隶属于艺术工程学院，有专职教师5名，外聘教授10名。

天津艺术职业学院：文物修复与鉴定专业隶属于舞美文博系，以外聘教师为主,外聘专家中研究员、教授 6 人,副研究员 15 人,专职教师 2 人。

北京文博学院:兼职专家 127 位(博导占 87%),兼职教师专职化,需按照教务制定的教学计划,一年上满 36 周课;专职教师 17 位。

北京北大资源研修学院:文物鉴定专业师资以社科院考古研究所、故宫博物院、中国国家博物馆、北京大学等外聘教授为主,外聘专家 20 人,其中研究员(教授) 6 人,副研究员 5 人,文物鉴定专家 5 人,修复专家 2 人,书画专家 2 人;专职教师 1 人(博士研究生学历)。

北京新圆明职业学院:文物鉴定与修复(书画鉴定方向)隶属于文化艺术系,专职教师 10 名,外聘专家较少,多以讲座形式授课。

苏州工艺美术职业技术学院:书画鉴定与修复专业隶属于装饰艺术系,专职教师 34 人、外聘教师 10 人,其中硕士以上学历 16 人、高级职称 22 人。

陕西文物保护专修学院:文物保护修复专业隶属于文物保护系,专职教师 4 名,其中副研究员 2 名、高级修复师 1 名、助教 1 名;外聘教师 2 名,其中副教授 1 名、讲师 1 名。

(二)古籍修复专业

首都联合职工大学:古籍鉴定与修复专业隶属于首都联合职工大学国图分校,师资力量主要来自国家图书馆古籍馆。其中研究馆员 4 名,副研究馆员 3 名,人民大学在职博士 1 名。

金陵科技学院:古典文献(古籍修复)专业隶属于人文学院古典文献系,专职教师 13 名,教授 1 人(刘树胜),副教授 7 人,讲师 5 人。其中"新世界三三三人才" 1 人,江苏省高校"青蓝工程"优秀青年骨干教师 1 人。

南京莫愁中等专业学校:文物鉴定与修复(文物古籍修复方向)专业隶属于工艺美术系,专职教师 8 人,2 人为硕士研究生学历,其余为大学本科学历,担任古代汉语、书画装裱、文献修复、书法、水墨画等课程的教学任务。

(三)中国古建工程技术专业

山西建筑职业技术学院:该专业由建筑与规划教研室负责。教学由专职教师和外聘教师共同承担。专职教师共 11 人，均为硕士学位，其中教授 2 人、讲师 5 人、助教 4 人。专职教师主要担任古建筑风水、古建筑彩绘、古建筑木作、瓦作、古建筑构造等课程的教学，外聘教师主要为企业高级从业人员。与古建筑设计、修缮企业合作共同开发《古建筑识图与制图》、《中国古建筑构造》、《古建筑彩画》、《仿古建筑设计》等 4 门工学结合的实训教材。

黑龙江建筑职业技术学院：中国古建筑工程专业隶属于建筑与城市规划学院，其中中国古建工程教研室现有专职教师 5 名，其中教授（学科带头人）1 名、讲师 4 名、助教 1 名。

（四）考古发掘、绘图

陕西文物保护专修学院：考古发掘、绘图专业隶属于考古系，现有专职教师 3 名，外聘教授 1 名。

五　就业情况

（一）文物鉴定与修复专业

文物鉴定方向就业多为拍卖公司、文物商店、画廊、工作室，部分自主创业（开文物商店、拍卖公司），北京地区就业形势较好。文物修复方向多进入博物馆等事业单位。

（二）古籍修复专业

主要为各级图书馆、博物馆、档案馆等文博部门。

（三）中国古建工程技术专业

主要在各级古建筑公司工作，男生主要从事古建筑施工，女生主要从事古建筑预算、古建筑彩绘等，部分优秀毕业生从事古建筑设计，山西就业形势较好。

（四）考古发掘、绘图专业

主要就业方向为中国社会科学院考古研究所以及各省、市级考古所。

六　问题分析与对策建议

当前，文博行业职业技术教育发展还存在如下的突出问题：

师资薄弱是困扰职业技术教育发展的首要问题。由于文博专业的局限性和文物的不可再生性，对于专业教师、特别是实训教师的选择有非常严格的要求。职业技术学院需要的是双师型教师，也就是既能授课，又具有较强动手能力，所以普遍存在一师难求的现象。许多职业学院都面临校外专家聘请难和校内专业教师缺乏的问题。高职院校在自身发展过程中需要聘请一定数量的专家来指导教学工作。而如今很多职业技术学院很难聘请到优秀的专家，部分院校虽然聘请到了专家，但由于专家时间有限，只能进行集中上课或是以讲座的形式上课，这样就不可避免的影响到了教学质量。此外，一些院校仅有少量的甚至没有专职教师，这样专业授课就完全受制于外聘专家，虽然短期内不会对专业有影响，但十分不利于专业的长期发展以及自身师资队伍的建设。近几年，文博行业一直十分重视对技术型人才的培训，各地经常举办技术人才培训班，如果能同时重视职业技术教育双师型教师的培训，定期举办师资培训班，对职业技术学院的在校教师进行培训，可在一定程度上解决职业技术教育师资匮乏的问题。

文博职业技术人才评价标准缺乏。虽然国家已经公布文博领域职业技术人才实行学历证书和技能等级证书双证制度，但技能等级标准尚未公布。对行业人才的要求没有相应的岗位职业标准、对行业人才水平等级没有评定的标准，导致从事修复和考古工作的专门技术人才发展前景不明朗。在调查中，很多职业院校反映希望能尽快颁布并实施文保修复、古建筑维修、考古等专业技师技能等级标准，使技能型人才在业务上有更高的发展空间。

技能型人才进入文博单位的就业通道不畅通。文博专业学生毕业后通常就业于博物馆、考古所等文博单位，这些单位也非常缺乏有经验有技术的技能型人才，但由于这些单位门槛过高，高职毕业生受限于学历，很难进入国家文博单位的编制内，同时由于缺乏相应的等级评定标准而在行业内没有足够的晋升空间，这样既不利于文博行业专业技术人才的培养，也不利于我国文博事业的发展。目前文博行业已逐渐推行全员聘用制，建议应尽快对技能型人才实行聘用制，签订就业聘用合同、建立保障制度。

文博职业技术教育力量分散。虽然近些年许多职业学院陆续开设文博专业，但这些学校在专业发展中都是单打独斗，缺乏与其他职业院校相关专业的交流和学习，有些学校甚至对于其他院校的同类专业发展情况完全不了解。我们建议能够由国家文物局牵头，联合全国所有开设文博专业的职业技术学院，成立文博行业职业教育委员会，为职业技术学院互相学习、互相借鉴、取长补短提供一个平台，同时也可以实现师资和教学设施的共享，最大限度提升对已有教学资源的利用。

文博行业技能型人才的工资待遇太低。许多从业多年的老技工每月工资仅有一千多元，更不能解决社会养老保险，这些因素造成技能型人才队伍不稳定，人员流动太大，不利于文博事业的发展。建议应在政策上提高技能型人才的工资待遇、福利，并解决社会养老保险。

民办职业学院受制于资金、生源等问题得不到充分的发展。民办院校由于缺乏国家或地方财政的支持，资金来源又全部依靠生源，而教育行业的回报需要一个长期缓慢的过程，这就造成民办职业学院资金匮乏的问题。判断办学好坏的标准不在于民办还是公办，而在于专业的办学理念、发展方向、师资力量、教学设施等多个方面。事实上，在专业建设上，民办院校由于机制灵活，有其自身的优势，比如民办院校能迅速捕捉行业对技能人才的要求，并能及时落实在教学活动中。因此，民办院校在加强自身发展的同时也迫切需要国家在观念上的引导与政策上的扶持，让民办院校与公办院校共同为行业的发展做出自己的贡献。建议国家文物局能够从为数不多的民办院校中选择一到两家作为重点，仿效国家重点科研基地和科研项目管理办法，给予政策引导和资金扶持，打造一到两所品牌民办职业院校，为行业培养高级"蓝领"，引领文化遗产保护领域健康发展。

职业技术教育在文博行业属于全新的教育体系，目前职业院校的课程设置和教材大多因循普通院校。实际上职业技术人才培养和学历教育有很大的区别，我们希望国家文物局能够将职业技术教育作为科研项目，对职业技术学院在教学方法、教材编订等方面给予一定的支持和引导，帮助职业技术教育尽快走出一条不同于学术研究教育的路子，与学术研究教育形成互补。

文物保护、考古专业应建立准入制度。我国对于进入文博领域的技术人才没有门槛，造成文博行业技能型人才鱼龙混杂的现象。相比之下，意大利在这方面比我们做得好很多。意大利全国具有从业资格的文博技术人才约3万人，因为制度健全，技术人才水平很高，队伍也非常稳定，值得我们学习和借鉴。我们也希望国家文物局尽快设定技术人员门槛，提高文博行业从业人员的素质。

古建维修专业教学需要遵循古制。大木作、小木作、瓦石作、油饰彩画作均应依照传统，才能保证古建筑维修的原真性和《中国文物古迹保护准则》的精神。但遗憾的是，在这些方面老一代的传人愈来愈少，呈现明显断档，古建传统工艺岌岌可危，急需引起重视。另外，对于古建筑施工技术、材料的使用，也没有统一的标准。

由于田野考古方向就业面窄，技能性人才在这一领域也没有晋升和发展空间，所以开设这一专业的职业技术学院很少，目前仅有陕西文物保护专修学院1家，在专业发展上也面临很多困难。对田野考古专业，除了学校自身努力，更需要国家政策方面的支持，一是希望国家文物局在一定时期能够给予此类学校中的优秀者团体领队资格，使学生能有更多教学实践的机会。考古发掘和考古绘图是实践性较强的专业，田野考古是保障教学质量的重要手段，否则不可能办好此类专业。二是尽快完善考古发掘技工技术等级标准，使管理有法，升降有制。

附件　国外文物保护职业教育简况

德国二战前在文物保护职业教育方面基本实行师承制。文物修复技工工资微薄，处于社会下层。战后随着经济发展、技术进步，人们对古代文化愈加关注，文物修复越来越被重视，职业教育也随之出现，向师徒传承作坊式培养徒弟的传统培养模式提出挑战。自20世纪80年代起，在德国柏林、德累斯顿、慕尼黑、科隆、斯图加特等城市的科技大学或高等专科学校里逐渐形成中等职业培训学校和高等院校培养修复人才两种途径。一方面说明文物科技保护愈来愈受到社会和大众的重视，另一方面也说明对文保从业人员的素质提出了更高的要求。中等职业培训学校的学生必须具有高级中学证书，必须在修复培训前完成至少一门手艺技能训练，诸如陶艺、牙技师、锻工（金银器）、象牙雕刻、修裱、设备安装、绘图、木匠等等。其目的一是培养学生对动手的热爱，二是培养学生掌握不同材质的特性。这类学校一般用3年教授学业。美因茨罗马—日耳曼中央博物馆修复职业培训学校是这一传统模式典范。高等院校学制3~5年，依然强调动手能力培训，教学内容包括考古出土文物修复（金属器、玻璃器、陶器及其他出土文物）；发掘技术；模板油画和木雕；壁画和石刻；古建筑和木雕上的彩画、彩饰；纸张（手工文字、版画等）；摄影技术现代化信息存储技术；现代材料和介质的纺织品（服饰、旗帜、地毯、皮质等）；木质器物（家具、乐器等）；文化技术史上的遗物；民俗学物品；艺术品和工艺美术品；玻璃绘画与玻璃窗；建筑与城市建筑修复等。职业教育培训后的学生可以用八个字概括：训练有素，不辱使命。

关于台湾文化资产保存法律制度的调研报告

国家文物局

内容摘要： 台湾地区将"文化遗产"称为"文化资产"，文化资产的内容较宽泛，基本涵盖大陆语境中的物质文化遗产、非物质文化遗产、自然遗产、珍稀植物及矿物等。台湾地区于 1982 年公布施行了《文化资产保存法》，2005 年进行了大幅度的修正。30 多年来，台湾在文化资产保存法律制度建设、文化资产保存、再利用和管理等方面，形成了一系列颇具特色的法律制度和有益做法。本文扼要介绍了台湾文化资产保存法律制度情况、文化资产的分类和管理体制情况、文化资产的指定和暂定制度情况、文化资产的活化再利用情况、文化资产保存法律的例外条款、文化资产保存的社会参与情况及相关启示和思考。

台湾地区将"文化遗产"称为"文化资产"，其概念源于 1982 年公布施行的《文化资产保存法》，意指"具有历史、文化、艺术价值"之资产。2005 年修正的《文化资产保存法》将"文化资产"的定义修改为"具有历史、文化、艺术、科学等价值，并经指定登录"之资产，包括有形文化资产和无形文化资产。台湾文化资产的内容较宽泛，基本涵盖大陆语境中的物质文化遗产、非物质文化遗产、自然遗产、珍稀植物及矿物等。经过 30 多年的探索和实践，台湾在文化资产保存法律制度建设、文化资产保存、再利用和管理等方面，形成了一系列颇具特色的法律制度和有益做法。

一 台湾文化资产保存法律制度情况

台湾文化资产保存法律体系的建立，以 1982 年颁布的《文化资产保存法》为标志。从总体上看，目前台湾地区的文化资产保存法律体系比较健全，主要包括三大类：

第一类是《文化资产保存法》及其相关子法。除《文化资产保存法》外，还包括行政主管部门和中央主管机关制定的行政法规和行政性规范文件，如《文化资产保存法实施细则》、《文化资产审议委员会组织准则》、《文化资产奖励补助办法》、《古迹指定及废止审查办法》、《古迹土地容积转移办法》、《遗址监管保护办法》、《公有古物复制及监制管理办法》、《申请进入自然保留区许可办法》、《日常管理及维护注意事项》、《防灾措施注意事项》等近50部，基本涵盖文化资产保存、再利用的各个方面。

第二类是文化资产保存的地方性法规及相关规范性文件。台湾地区一些文化资产资源丰富、文化创意产业发展活跃的市县，相继制定了有关文化资产保存、再利用和发展文化创意产业的地方性法规。如台南市私有历史建筑物减免地价税及房屋税自治条例，台北市市定古迹及纪念性建筑物制定作业要点，台北市古迹管理维护要点以及新竹市市定古迹评价审议作业要点，台中文化创意产业园区志工服务实施要点、场地使用申请要点、展演活动补助作业要点等。

第三类是与文化资产保存有关的其他法律。"中华民国宪法"明确要求"保护有关历史、文化、艺术之古迹、古物"；规定了中央、省与市县文化经费的最底线，并要求这些经费应当优先编列等。涉及文化资产保存的其他法律还有《行政诉讼法》、《行政执行法》、《行政罚法》、《个人资料保护法》、《关税法》、《文化创意产业发展法》、《产业创新条例》、《建筑法》、《营造业法》、《都市计划法》、《区域计划法》、《国家公园法》、《环境影响评估法》、《著作权法》、《政府采购法》等共85部。

在这一系列的法律制度中，《文化资产保存法》及其《实施细则》处于核心的地位。30多年来，台湾《文化资产保存法》先后经过数次修正。其中，2005年的修正，是历次修正中幅度最大、影响最广的一次修正。经过这一次较为全面的修正，台湾地区的文化资产保存法在立法理念和实践，以及立法技术和质量上都有很大的进步。

台湾文化资产保存法律领域具有两个显著特点：

一是文化资产保存的配套法规制度健全。依据《文化资产保存法》的授权，台湾方面制定了完善配套的制度措施。如仅仅围绕各类文化资产的认定和废止，就分别制定了《古迹指定及废止审查办法》、《遗址指定及废止审查办法》、《文化景观登录及废止审查办法》、《传统艺术民俗及有关文物登录指定及废止审查办法》、《古物分级登录指定及废止审查办法》、《自然地景指定及废止办法》等具体规定。

二是文化资产保存法律制度的可操作性较强。一些文化资产保存的规范性文件尽管短小精悍，但十分管用。如《国宝及重要古物出进口作业要点》仅有 5 条，《古迹及历史建筑重大灾害应变处理办法》、《传统艺术中心接受传统艺术文物捐赠要点》、《办理传统匠师资格审查作业要点》分别只有 6 条，《文化景观登录及废止审查办法》、《公有古物复制及监制管理办法》等文件皆不足 10 条，有的文件仅约 300 字。但这些办法或规定主体明确、职责清晰、任务具体、程序规范，极具可操作性。

二　台湾文化资产的分类和管理体制情况

一是文化资产的资源状况。根据 2005 年修正的《文化资产保存法》，台湾文化资产包括七类九种：古迹、历史建筑、聚落；遗址；文化景观；传统艺术；民俗及有关文物；古物；自然地景。根据 2008 年的统计数据，台湾指定登录文化资产数量共有 1769 处（种）。其中古迹 689 处；历史建筑 827 处；聚落 4 处；遗址 28 处；文化景观 19 处；传统艺术 32 种；民俗及有关文物 27 种；古物 118 种；自然地景，包括自然保留区 20 处、植物 5 种。

二是文化资产的分类情况。2005 年修正前的《文化资产保存法》规定，古迹审查依其价值分为第一、第二及第三级，主管机关分别为中央、省、县有关部门。2005 年修正后的《文化资产保存法》，将古迹的"分级制"改为"分类制"。据此，古迹分为国定、直辖市定、县（市）定三类，分别由中央、直辖市、县（市）政府审查指定。之所以采用分类制，台湾方面认为，其主要理由是：第一，每座古迹都是独一无二的文化资产，应无价值等级区别；第二，落实地方分权，鼓励地方政府珍惜古迹；第三，缩短古迹审查程序，提高审查效率，避免因审查期间太长而使古迹遭致毁损。根据 2005 年修正的《文化资产保存法》，古迹、遗址、自然地景分为国定、直辖市定、县（市）定；聚落分为重要聚落、聚落；传统艺术分为重要传统艺术、传统艺术；民俗及有关文物分为重要民俗及有关文物、民俗及有关文物；古物分为国宝、重要古物、一般古物；历史建筑、文化景观不分类，由地方政府登录公布，并报中央主管机关备查。

三是文化资产的管理体制情况。2005 年《文化资产保存法》修正之前，文化资产的中央主管机关分别由教育部、内政部、经济部、交通部、农业委员会（农委会）、文化建设委员会（文建会）等多头管理。如，古物与民族艺术之保存、维护、宣扬、权利转移及保管机构之指定、设立与监督等事项，由教育部主管；古迹、民俗及有关文物之主管机构在中央为内政部，历史建筑之主管机关在中央为文建会；自然文化景观之维护、保育、宣扬及管理机构之监督等事项，由经济部主管，等等。鉴于这种多头管理模式给台湾文化资产保护工作带来诸多困难，2005 年《文化资产保存法》修正之后，文化资产的中央主管机关仅有二个：行政院文化建设委员会（文建会），由其所属部门文化资产局，统筹主管古迹、历史建筑、聚落，遗址，文化景观，传统艺术，民俗及有关文物，古物；行政院农业委员会（农委会），主管自然地景。此外，在直辖市为直辖市政府主管，在县（市）为县（市）政府主管。

四是文化资产管理的协调机制情况。《文化资产保存法》规定，如果一种文化资产具有两种以上类别性质，则其主管机关与文化资产保存之策划及共同事项之处理，由文建会会同有关机关决定。如果文化资产跨越两个以上直辖市、县市辖区的，其地方主管机关则由所在地直辖市、县市主管机关商定，必要时可以由中央主管机关协调指定。另外，主管机关可以委任、委办其所属机关（机构）或委托其他机关（机构）、文化资产研究相关之学术机构、团体或个人办理文化资产调查、保存及管理维护工作。

三　台湾文化资产的指定和暂定制度情况

依据《文化资产保存法》，台湾方面制定了古迹、历史建筑、聚落、遗址、文化景观、传统艺术、民俗及有关文物、古物、自然地景等各类文化资产的指定、登录和废止审查办法，规定了文化资产的登录标准、审查、废止条件与程序、辅助及其他应遵行事项等，并确立了"暂定古迹"制度。

一是在文化资产指定和废止方面，台湾文化资产的指定有"自上而下"、"自下而上"两种方式，即所谓的官方和民间两种途径。"官方途径"是指文化资产主管机关展开普查、审查，对应当予以保护的文化资产进行指定，然后办理公告。对于文化资产的调查、研究、保存、维护、修复以及再利用等，主管机关应当建立完整的个案资料。"民间的途径"是指个人、团体可以向主管机关提报具有可保护价值的文化资产，经主管机关审查后进行指定。在文化资产废止方面，台湾《文化资产保存法》规定，文化资产灭失、减损或增加其价值时，报中央主管机关核准后，应解除其指定或变更其类别。

二是在暂定古迹方面，2005 年修正的《文化资产保存法》规定"进入古迹指定之审查程序者，为暂定古迹"，并确立了"暂定古迹"制度，据此制定了《暂定古迹条件及程序办法》。这是台湾文化资产保存法律制度的一大亮点。文化资产保存法规定，"具古迹价值之建造物在未进入前项审查程序前，遇有紧急情况时，主管机关得径列为暂定古迹，并通知所有人、使用人或管理人"，"暂定古迹于审查期间内视同古迹，应予以管理维护"。"暂定古迹"制度还对审查期限、补偿作出限定，规定审查的期限为 6 个月，必要时可延长一次；文化资产列为暂定古迹，致使权利人财产受有损失的，主管机关应给与合理补偿。这些规定有效避免了尚未被指定为"古迹"的文化资产，因缺乏有效的保护和管理而遭受损毁和破坏等现象。

三是在文化资产相关事项的审议方面，《文化资产保存法》修正前，对审议委员会机制的设立没有作明确要求，由于没有设立专门的常设委员会办理文化资产指定或登录审查工作，只能以行政命令要求成立临时的审查委员会办理，这种方式一方面不规范，另一方面也难以保障民众权益。修正后的《文化资产保存法》对设立审议委员会作了明确规定："主管机关为审议各类文化资产之指定、登录及其他本法规定之重大事项，应设相关审议委员会，进行审议。"为规范审议委员会的组成、委员遴选和聘用、运作等，文建会制定了《文化资产审议委员会组织准则》，根据文化资产的类别，分别设立审议委员会，并对审议委员会的主任委员、委员的任职条件、期限以及审议程序、回避制度等作了明确规定。各审议委员会由 9 ~ 21 人组成，由机关代表及专家学者担任，其中专家学者人数不得少于委员总数的三分之二。

四　台湾文化资产的活化再利用情况

近年来，台湾地区借鉴一些发达国家活用文化遗产的经验，开始注重文化资产的利用，不断为文化资产事业发展注入新的活力，赋予古迹以新的生命。政府部门通过制定各种制度、法规，在活用文化资产的过程中努力创造经济效益，最大限度地调动社会各方面保护古迹的积极性，意图将文化资产发展为一项永续利用和传承的事业。

譬如，草山行馆是台北市 2002 年认定登记的历史建筑，原为蒋介石来台后的第一个官邸，蒋介石辞世之后草山行馆曾一度处于荒置状态，2007 年遭烧毁，仅存正门、红砖外墙及蒋公铜像。2011 年 12 月，草山行馆经重建再次开放，台北市文化局将其重新定位并活化再利用，融合阳明山的自然生态和人文资源，集观光、艺术、展览、沙龙、餐饮、休闲产业等多元功能，较好地展现草山行馆的历史、艺术和人文价值，为当地民众提供近距离的文化休闲空间。

台湾文化资产的活化再利用的主要做法和经验是：

一是在理念上十分重视文化资产的活化再利用问题。台湾方面认为，文化资产的活化再利用已经成为一个趋势，适当的开发和利用不仅有利于文化交流，有利于民众亲近文化资产，而且可以解决保护文化资产保存的经费问题，缓解财政压力，有助于提高当地民众的生活质量。据了解，岛内的文化资产数量从 2002 年 635 处增加到 2008 年的 1769 处，6 年间成长近 3 倍。在文化资产数量逐年增加，而预算财源无法相对扩增情况下，台湾方面认为，应转保存思路和策略，重视文化资产的活化再利用；如果单纯强调文化资产的"固守保存"而不进行"适度活用"，有可能激化资产保存与经济发展之间的矛盾，也不利于调动民众保护文化资产的积极性。

二是为文化资产的活化再利用提供了法律保障。此前的文化资产保存法仅强调"保存"，而对于受到保护的文化资产，应如何使用，使其和当代社会环境、生活需求相融合等，没有作明确的规划，这在客观上形成了所谓的"冻结式"保存，使文化资产与时代和民众生活脱离。2005 年颁布的台湾

《文化资产保存法》的立法宗旨，把过去的"为保存文化资产"一句修改为"为保存及活用文化资产"。新修正的《文化资产保存法》强调对文化资产的"活用"，并对如何开展"活用"、"再利用"的调查、修复、经营管理、有关采购、所需经费等方面，都作了明确规定和要求。这表明其文化资产保存理念实现了转变，并且为创新利用方式奠定了基础。

三是将文化资产的活化再利用贯穿文化资产保存或修复的全过程。依据《文化资产保存法》第21条第4款规定，2005年12月，文建会发布了《古迹修复及再利用办法》，该《办法》从古迹保护的规划设计、采购、施工、监造、工作报告书等方面，不仅对古迹修复提出明确要求，同时对古迹的再利用也作了详细规定，使"修复"与"利用"统筹推进、同步落实。

四是对文化资产的活化再利用给予财税扶助和优惠。《文化资产保存法》第26条规定"私有古迹、历史建筑及聚落之管理维护、修复及再利用所需经费，主管机关得酌予补助"；第93条规定"出资赞助办理古迹、历史建筑、古迹保存区内建筑物、遗址、聚落、文化景观之修复、再利用或管理维护者，其捐赠或赞助款项"，"列举扣除或列为当年度费用，不受金额之限制"；《文化创意产业发展法》也对文化资产活化再利用的扶持政策作了明确规定。

五是注重加强对再利用行为的引导和管理。台湾方面强调，在活化再利用过程中，既要注重"放水养鱼"，也要避免"杀鸡取卵"式的利用。比如，在有效保护的前提下，台湾政府方面对文化资产的再利用方式不作过多干预，尽可能发挥文化资产的经济社会价值；对由谁经营、如何经营、营利或非营利等，也不作过多的限制，尽可能方便所有权人或经营者使用。但同时明确要求经营者不得改变原貌、不得任意更动设施、不得有危害善良风俗、确保文化资产安全。对开放空间和条件等也作了规定。在台湾地区，公有或私有古迹如个人无能力修复，可申请政府补贴。但互惠的条件是维修完毕后，必须适时向公众开放。《文化资产保存法》第27规定"公有及接受政府补助之私有古迹、历史建筑及聚落，应适度开放大众参观"。比如，草山行馆70%的空间必须对公众开放，余下的30%可作为餐饮经营场所。

六是利用文化资产资源发展文化创意产业。2010年台湾颁布了《文化创意产业发展法》，2012年出台了《文化资产再生计划辅助作业要点》，引导地方政府部门与产业单位合作，发掘文化资产产值；鼓励利用文化资源发展文化创意产业园区，通过公私协力、政企互动，使一些文化资产在行政扶持、市场运作中得到新发展。台湾各博物馆积极面向市场，注重发挥自身特色，发展文化创意产品。许多博物馆选取若干具代表性和文化特色的馆藏文物，开发出具有中国传统文化特征和博物馆特色的产品。比如台北故宫博物院与有关公司联合策划的"朕知道了"纸胶带，一经推出就得到岛内外的热捧。此外，台湾方面要求文化创意产业进驻古迹或古迹活化，应遵循一些基本原则：是主流发展而不是另类时尚，是创造生机而不是解决遗弃，是潜力开发而不是空间解严，是机能多样而不是用途窄化，是设计美学而不是因陋就简，是永续经营而不是短期进驻。这些原则和要求，较好地把握和引导了文化创意产业的发展方向。

五　台湾文化资产保存法律的例外条款

在立法实践中，考虑到文化资产保存的特殊性，台湾《文化资产保存法》中引入了例外条款，对文化资产保存的一些领域作了特殊规定，使之不受相关法规的全部或一部之限制，从而赋予文化资产保护更大的灵活性和自主性。

一是在涉及建筑管理、土地使用和消防安全方面，《文化资产保存法》第22条规定，"为利古迹、历史建筑及聚落之修复及再利用，有关其建筑管理、土地使用及消防安全等事项，不受都市计画法、建筑法、消防法及其相关法规全部或一部之限制"，并规定"其审核程序、查验标准、限制项目、应备条件及其他应遵行事项之办法，由中央主管机关会同内政部定之"。据此，文建委会同内政部发布《古迹历史建筑及聚落修复或再利用建筑管理土地使用消防安全处理办法》，对文化资产保存和再利用过程中涉及的土地、建筑物、消防安全、环境风险分析等方面执行建筑、消防相关法令有困难时，其所有人、使用人或管理者可应变计划报文化资产主管机关核准，主管机关应会同土地、建筑和消防机关根据有关程序，提出法律适用、变更措施等实施细则。

二是文化资产修复或再利用的采购方面，尽管台湾的《政府采购法》第3条规定"政府机关、公立学校、公营事业办理采购，依本法之规定"，但考虑文化资产修复或再利用的特殊性，《文化资产保存法》第25条规定"政府机关办理古迹、历史建筑及聚落之修复或再利用有关之采购，应依中央主管机关订定之采购办法办理，不受政府采购法限制"；第 49 条规定"政府机关办理遗址调查、研究或发掘有关之采购"，也可按该法第 25 条执行。综上，政府机关办理古迹、历史建筑及聚落之修复或再利用有关采购时，可在中央主管机关制定的采购办法规范下，可不受政府采购法限制。据此，文建会发布《古迹历史建筑及聚落修复或再利用采购办法》，规定对文化资产的修复和再利用可采用选择性招标或限制性招标，并对采购范围、采购厂商和专业人员资格等作了规定。

三是文化资产修复再利用资质资格等方面，主要强调对项目主持人之个人资格的限制和规范，而对机构或单位的资质资格没有作明确要求。《古迹修复及再利用办法》、《古迹历史建筑及聚落修复或再利用采购办法》对文化资产修复或再利用的执行主持人资格作出了规定。《古迹修复及再利用办法》的第 9 条至 12 条，根据国定古迹和直辖市定、县（市）定古迹的级别，分别对"古迹修复或再利用计划、工作报告书、解体调查"、"规划设计、监造"的执行主持人，"施工阶段"的工地负责人和传统匠师等的资格条件进行了规定。相对大陆，对个人的资格要求较松。比如，有关古迹历史建筑修复再利用之劳务主持人，只要具有建筑师或相关执业技师资格且具有开业文件复印件、曾担任古迹、历史建筑及聚落修复或再利用相关劳务经验之证明文件，或曾受中央主管机关或其委托机构培训合格之证明文件等劳务资历，即可担任古迹历史建筑及聚落修复的执行主持人或工地主任。

六　台湾文化资产保存的社会参与情况

一是在维护民众参与权方面，除鼓励个人、团体向主管机关指定文化资产外，主管机关在划定古迹保存区、制定保存计划时，十分尊重当地居民尤其是所涉及的利害关系人的意见，尽可能关照文化资产当事人或相关者的利益，解决好文化资产保护与普罗大众利益之间的关系。政府部门通过制定各种制度、法规，最大限度地调动起社会力量保护文化资产的积极性。《文化资产保存法》第 33 条、第 34 条分别规定，"主管机关于拟定古迹保存区计划过程中，应分阶段举办说明会、公听会及公开展览，并应通知当地居民参与"，"（聚落）保存及再发展计划之拟定，应召开公听会，并与当地居民协商沟通后为之"。这些措施既有利于促进政府部门决策的客观性与科学性，也有利于调动社会各方面参与文化资产保存的积极性。

二是在奖励和税收方面，台湾方面注重通过奖励、表彰、税收优惠政策等形式，引导民众参与。台湾《文化资产保存法》的一大亮点，是确立了奖励制度和税收减免制度。《文化资产保存法》及《文化资产奖励补助办法》对捐献私有文化资产、保护文化资产有突出贡献、主动将私有古物申请登录的个人或行为，提出了一系列奖励措施，或颁发奖牌、匾额，或发给奖金等。《文化资产保存法》第 91 条规定，"私有古迹、遗址及其所定着之土地，免征房屋税及地价税"，"私有历史建筑、聚落、文化景观及其所定着土地，得在百分之五十范围内减征房屋税及地价税"；第 92 条规定"私有古迹及其所定着之土地，因继承而移转者，免征遗产税"；第 93 条对个人或机构出资赞助文化资产修复、再利用或管理维护等行为，也明确了税收优惠措施。这些税收制度的建立，有效提高了私人申请政府指定和保存文化资产的积极性。

三是在补偿制度方面，台湾注重关照民众的切实利益，对因暂定古迹、遗址发掘等造成权利人财产损失的，要求主管机关应给予合理补偿。如《文化资产保存法》第 17 条、48 条规定，"建造物经列为暂定古迹，致权利人之财产受有损失者，主管机关应给与合理补偿"，"为发掘遗址，致土地权利人受有损失者，主管机关应给与合理补偿"，"其补偿金额，以协议定之"。私有文化资产保存，也可申请补助。如《文化资产保存法》第 26 条规定"私有古迹、历史建筑及聚落之管理维护、修复及再利用所需经费，主管机关得酌予补助"。《文化资产保存法》还设立了古迹容积转移制度，对因文化资产指定、保存等，致使土地所有权人损失的，可依法向直辖市、县（市）主管机关提出申请补偿。如该法第 35 条规定，"古迹除以政府机关为管理机关者外，其所定着之土地、古迹保存用地、保存区、其他使用用地或分区内土地，因古迹之指定、古迹保存用地、保存区、其他使用用地或分区之编定、划定或变更，致其原依法可建筑之基准容积受到限制部分，得等值移转至其他地区建筑使用或享有其他奖励措施"。这里的"得等值移转至其他地区建筑使用"或"享有其他奖励"，其实质就是一种补偿措施。《古迹土地容积移转办法》对土地补偿的范围、计算标准、申请程序等作了具体规定。补偿制度的建立，对于缓解文物保护与个人利益之间的矛盾，起到了积极作用；也昭示了政府在保存文化资产的同时，必须从人文关怀的角度出发，切实考虑到民众的既得利益。

四是在志工制度方面，台湾地区博物馆建立了比较完善的志工制度。台湾地区已出台《志愿服务法》，对主管机关、志愿服务单位职责、志工的权利义务、相关经费和保障措施等作了规定。在台湾地区博物馆中，志工已经是博物馆不可分割的组成部分，既服务于导览、解说一线，也服务于研究、典藏、后勤等各个岗位。无论是工作日还是节假日，在台北故宫博物院、台湾博物馆、十三行博物馆、土地银行博物馆、世界宗教博物馆、佛光山纪念馆等，处处可见佩戴志工服务证志工们活跃的身影，有的在展厅做讲解，有的在服务台做咨询，有的推着百宝箱活动车做主题演讲。为确保志工的合法权益，每个博物馆都为志工配备工作室，允许志工按照自己的兴趣成立社团，博物馆为这些社团提供场地出租或出借的优惠措施，以提升志工的凝聚力。志工为台湾地区博物馆工作作出了重要贡献。据统计，仅台北故宫有志工 430 人，年服务时数 32 万小时，既传播了博物馆文化，又节省了大量的人事费用。

七　启示和思考

大陆《文物保护法》和台湾《文化资产保存法》都是 1982 年颁布施行。30 多年来，虽然都历经数次修改，但随着经济社会的快速发展，现行法律在一些方面同文物工作实际不相适应，需要进一步修改完善。目前，大陆和台湾方面都已启动法律的修订工作。对照大陆文物保护法律制度建设和文物工作实践，台湾无论是法律制度建设、文化资产管理，还是在活化再利用、社会力量参与等方面都有一些成功经验，值得研究和借鉴，有些内容对大陆方面开展文物保护法修订，改进文物工作有一定的启示意义。

（一）完善配套措施

台湾方面充分利用《文化资产保存法》的授权，制定了完善配套的制度和措施；有的制度或措施条款不多，但执行效果很好。当前，大陆文物保护法规领域，一方面《文物保护法》中的某些授权没有得到落实，配套措施缺失。如虽然《文物保护法》第四十三条规定"依法调拨、交换、出借文物，取得文物的文物收藏单位可以对提供文物的文物收藏单位给予合理补偿，具体管理办法由国务院文物行政部门制定"，第四十五条规定"国有文物收藏单位不再收藏的文物的处置办法，由国务院另行制定"等，但至今尚没有得到落实。另一方面法规中的原则性要求（即台湾语境中的"宣示性"条款）过多，刚性要求不足，影响了法律的可操作性。我们在开展文物保护法修法过程中，应注意区分立法层次，涉及有关操作层面的具体规定，可在实施条例或相关授权中体现；对有关条款要更具体化，做到目的明确、主体明确、责任明确，执行方式、程序、标准明确，使法律便于执行。

（二）健全管理制度

台湾地区文物管理体系架构比较成熟，一些行之有效的做法值得借鉴。第一，大陆的文物认定和定级制度在实践操作中存在一些困难，对于认定主体、认定程序、认定对象、认定标准等等，可借鉴台湾文化资产认定方面的有关规定，在文物保护法修订中应进一步明确和完善。第二，大陆尚未建立相应的降级和撤销制度，可借鉴台湾的文化资产变更、废止方面的有益做法，建立健全文物降级或退出机制。第三，大陆尚未公布为文物保护单位或尚未登录的不可移动文物，既无明确的法律地位，也无具体保护措施。为加强对这类文物的保护，可借鉴台湾"暂定古迹"制度，制定相关规定。第四，针对大陆文化遗产保护管理在一定程度上存在着条块分割、职能重叠、纵向分离等弊端，可探讨文物管理体制改革，进一步整合文物管理行政职能。

（三）加强文物合理利用

相对于大陆地区，台湾地区无论是从立法理念、法律保障上，还是从财税扶持、政策引导和管理上，对文物的利用给予了更多的关注，在实际操作上也有许多值得借鉴之处。大陆《文物保护法》虽然将"合理利用"作为文物工作方针的一个重要方面，但是对"合理利用"缺乏明确规定，也没有制定相应的可操作性措施，在实践中文物利用相对滞后，应通过修法研究解决文物合理利用的问题。一是可从立法和制度层面，对文物合理利用予以进一步的规范，在尊重文物特点规律、确保文物安全的前提下，明确合理利用的主体、标准和相关扶助措施，以充分发挥文物在文化建设、社会建设中的作用。二是通过立法或制定具体细则，从规划制定、组织实施、项目评估和验收等各方面，对文物合理利用作出明确规定和要求。三是从立法和制度层面，鼓励和扶持文博单位积极探索尝试多种运营方式，挖掘文物资源，开发更多体现自身特色的文化创意产品。四是通过立法或完善政策，从人才培育、社会资助、税收减免等方面，对文化遗产的合理利用予以扶持。

（四）扩大社会参与

相对于大陆，台湾地区现代公共服务事业起步较早，发展较成熟，社会力量参与文物保护的法制建设和相关政策相应也比较完善。台湾文物保护领域社区参与经验值得大陆借鉴。长期以来，大陆地区社会参与文物保护的方式比较单一，参与机制和优惠措施尚不健全，影响和制约了社会力量参与文物保护的积极性。这迫切需要对文物保护法律作出适当调整，充分发挥社会力量的积极作用。第一，可借鉴台湾文博领域志工制度的经验，完善志愿服务的组织机制、评估机制、奖励机制等，培育和壮大志愿者队伍。第二，可对非国有文物保护给予经费补助，建立相应补助政策，落实文物保护和修缮的规定的要求。第三，可在文物保护法中引进"利益相关者"的概念，明确文物保护各主体之间的关系，制定"非排他性"的规定，实现共赢。第四，可在修法中扩大文物保护参与主体、建立参与机制和优惠措施，引进民间力量和社会资金参与文物保护，弥补公共资金和技术力量之不足。

后　记

　　由国家文物局政策法规司组织编写的《文物工作调研报告汇编（2013）》即将付梓。各调研报告主要执笔人如下：《关于文物保护经费保障体系建设的调研报告》，陈红、郑绍亮；《关于确立2020年文物事业发展目标体系的调研报告》，岳志勇、彭跃辉；《关于〈文物保护法〉修订的调研报告》，张建华；《关于文物保护单位保护利用情况公众态度的调研报告》，刘柏良、梁春鼎；《关于水下文化遗产保护工作现状的调研报告》，张凌、杨睿；《关于馆藏文物保护修复工作量清单计价规范的调研报告》，曹明成、李青俊；《关于促进民办博物馆发展的调研报告》，辛泸江、仇健；《关于民办博物馆规范化建设的调研报告》，辛泸江、曹兵武；《关于基层文博工作情况问卷抽样调查报告》，闫石；《关于全国文博人才职业教育教学体系的调研报告》，周君生、段清波；《关于台湾文化资产保存法律制度的调研报告》，陈培军、朱晔。

　　本书的编辑出版，得到了国家文物局领导的悉心指导，得到了国家文物局机关各司室、有关文博单位的大力支持，在此一并致谢。由于时间仓促，水平有限，疏漏之处在所难免，敬请读者指正。

编　者

二〇一四年十一月